더욱 새로워진 단계별 종합 일본어 학습 프로그램

NEW
うきうき
우 키 우 키

일본어

STEP

1

더욱 새로워진 단계별 종합 일본어 학습 프로그램
NEW 우키우키 일본어 STEP 1

지은이 강경자
감수자 온즈카 치요(恩塚千代)
펴낸이 임상진
펴낸곳 (주)넥서스

초판   1쇄 발행 2005년 11월 20일
초판 21쇄 발행 2015년 10월 15일

2판   1쇄 발행 2016년 3월 25일
2판 15쇄 발행 2024년 12월 12일

3판   1쇄 인쇄 2025년 6월 10일
3판   1쇄 발행 2025년 6월 20일

출판신고 1992년 4월 3일 제311-2002-2호
주소 10880 경기도 파주시 지목로 5
전화 (02)330-5500 팩스 (02)330-5555

ISBN 979-11-94643-35-7 14730
(SET) 979-11-94643-34-0 14730

www.nexusbook.com

더욱 새로워진 단계별 종합 일본어 학습 프로그램

NEW
うきうき
우 키 우 키

일본어 STEP 1

강경자 지음·온즈카 치요 감수

東京｜TŌKYŌ

넥서스JAPANESE

첫머리에

어떻게 하면 쉽고 재미있게 일본어를 배울 수 있을까? 어떻게 하면 어디서든 인정받을 만한 완벽한 일본어 실력을 갖출 수 있을까? 현재 일본어를 배우고 있는 학습자나 앞으로 배우고자 하는 사람들에겐 영원한 숙제와도 같은 질문일 것입니다.

필자는 온·오프라인을 통해 오랫동안 일본어를 가르쳐 오면서 역시 이와 비슷한 의문을 가지고 있었습니다. 어떻게 하면 쉽고 재미있게 일본어를 가르쳐줄 수 있을까? 문법을 기초부터 탄탄하게 다져주면서 네이티브 같은 회화 감각을 길러주고, 게다가 어떤 표현도 자신있게 말할 수 있는 풍부한 어휘와 한자 실력까지 갖추도록 도와주고 싶은 마음이 간절하였습니다.

요즘은 예전에 비해서 좋은 교재들이 많이 출간되었고 여러 학원이나 학교에서 검증된 교재를 채택하여 사용하고 있지만, 막상 일본어를 학습하거나 가르치기 위해 좋은 책을 추천해 달라는 부탁을 받으면 고민하게 되는 것이 사실입니다. 왜냐하면 나름대로의 장점을 가지고 있는 일본어 교재는 많이 있지만, 완벽하게 일본어 학습상의 필요를 충족시켜 주는 체계적인 교재는 별로 없기 때문입니다.

일본어는 한국어와 여러 면에서 비슷한 언어 특성상 다른 언어에 비해 보다 쉽게 배울 수 있음에도, 효과적으로 일본어를 배우거나 가르칠 수 있는 교재는 많지 않았습니다. 예를 들어 회화는 연습이 중요한데, 간단한 문형 연습이 있는 교재는 많아도 기초 문법을 활용하여 실제 회화 연습을 할 수 있는 교재는 거의 없었습니다. 또한 일본어 학습자들이 가장 어려워하는 한자의 경우, 한자를 차근차근 익힐 수 있도록 한 교재는 참 드물었습니다. 더구나 요즘에는 쉽고 편한 길을 좋아하는 사람들의 심리를 이용하여 몇 마디 표현만 그때그때 익히도록 하는 흥미 위주의 교재도 눈에 많이 띄었습니다.

이러한 현실 속에서 조금이나마 일본어 학습과 교육에 도움이 되고자 하는 바람에서 이 책을 쓰게 되었습니다. 교재가 완성되어 가는 과정을 보면서 역시 부족한 점이 눈에 띄고 아쉬움이 많이 남지만, 기초 문법을 탄탄히 다지면서 실전 회화 감각을 익힐 수 있는 학습자들을 배려한 최고의 교재임을 자부합니다.

아무쪼록 이 교재가 일본어를 가르치거나 배우는 모든 분들에게 참으로 유익한 책이 되길 간절히 바라며, 끝으로 이 책이 출판되기까지 애써 주신 넥서스저패니즈의 여러 관계자 분들께 감사드립니다.

강경자

추천의 글

본 『우키우키 일본어』 시리즈는 주로 일본어 학원에서 쓰일 것을 염두에 두고 만들어졌으며, 등장인물은 회사원으로 설정되어 있다. 따라서, 각 과의 회화문은 대학 수업용으로 만들어진 교과서에 자주 나오는 학생과 학교 활동이 중심이 된 회화가 아닌, 일반적이고 보편적인 내용으로 구성되어 있다. 그래서 회사원은 물론이고 학생, 주부에 이르기까지 일본어를 처음 배우는 사람이 실제로 쓸 수 있는 표현을 단시간에 몸에 익힐 수 있도록 되어 있다.

본 교재는 기본적으로는 문형과 표현을 중심으로 명사문, 형용사문(い형용사·な형용사), 동사문과 기초 문법에 따라 차례대로 학습해 가도록 구성되어 있고, 각 과별로 다양한 장면을 설정한 연습문제와 FUN&TALK라는 자유로운 형식의 회화 연습문제도 있다. 즉, 일방적인 전달식 강의용 교재가 아니라 적극적으로 회화에 참가할 수 있도록 배려하여 강사의 교재 활용에 따라 수업 활동을 더욱 활발하게 전개시킬 수 있을 것이다.

또한, 본 교재의 특징으로 회화 안에서 사용되고 있는 어휘가 실제로 일본에서 쓰이고 있는 일상용어라는 점에 주목하고 싶다. 원래 교과서에서는 '휴대전화(携帯電話)'나 '스마트폰(スマートフォン)'과 같은 생략되지 않은 사전 표제어 같은 형태가 제시되는 것이 기본이지만, 본 교재는 학습자가 일본인이 실제로 회화에서 쓰는 말을 알고 싶어하는 요구를 반영하여 'ケータイ', 'スマホ'와 같은 준말 형태의 외래어(가타카나어)를 제시하였다.

이 교재만의 두드러지는 특징 가운데 또 하나는 일본어 초급 교재에서는 잘 볼 수 없는 한자와 외래어(가타카나어) 쓰기 연습이 제공되고 있다는 점이다. 한국어를 모국어로 하는 학습자는 비교적 일본어 학습 능력이 뛰어나다고 할 수 있으나 한자나 가타카나 표기가 서투르거나 잘 모르는 경우가 많다. 수업 중에 짬짬이 이러한 표기법이나 한자의 의미 등을 접할 기회를 고려하고 있는 점이 본 교재의 새롭고 뛰어난 점이라고 말할 수 있을 것이다.

덧붙여, 각 과마다 재미있는 삽화를 넣어 학습자가 학습 내용을 보다 쉽게 이해하고, 학습 의욕을 불러일으킬 수 있도록 하였다.

이처럼 다양한 학습상의 배려가 돋보이는 교재라는 점을 고려하여 많은 학원과 학교에서 쓰이기를 권한다.

恩塚 千代

구성과 특징

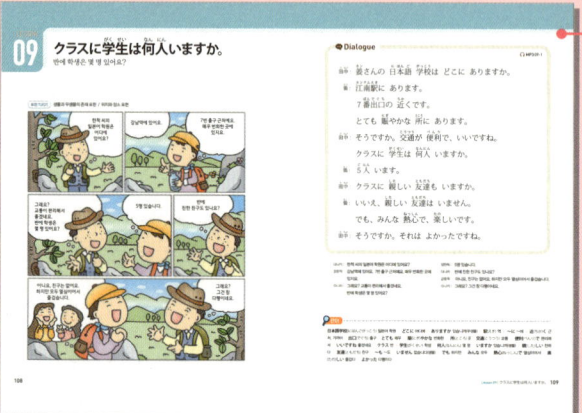

Dialogue

일상생활에서 흔히 접할 수 있는 주제를 중심으로 한 실제 회화로 이루어져 있습니다. 이 본문 회화에는 우리가 반드시 알아야 할 기초 문법과 어휘가 들어 있어서 자연스럽게 어휘, 문법, 회화를 동시에 익힐 수 있습니다. 무엇보다 처음 접하는 본문의 어려움을 최소화하기 위해서 본문 내용을 만화로 보여줌으로써 보다 재미있고 쉽게 공부할 수 있도록 배려하였습니다.

Grammar

문법과 문형 파트에선 Dialogue에 나온 기초 문법을 보다 더 체계적이고 꼼꼼하게 학습할 수 있도록 예문을 제시하되 중요 문법인 경우 각 품사별 문형을 보여줌으로써 정확한 문법의 이해를 돕고 있습니다. 새로운 단어의 경우 어휘 풀이를 넣어 스스로 예문을 해석할 수 있도록 하였습니다.

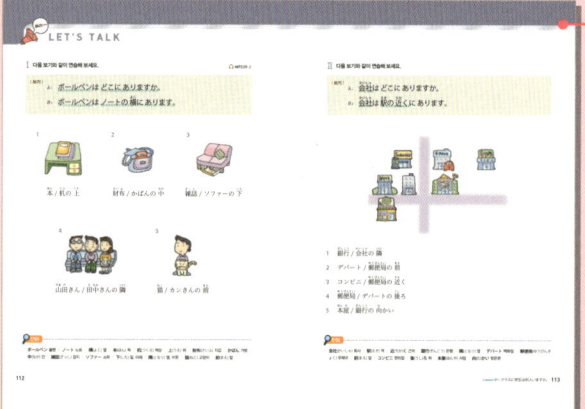

Let's Talk

이 교재의 가장 큰 특징 중의 하나는 본문과 문법 파트를 통해 익힌 문법과 회화 감각을 최대한 길러 주는 회화 연습이 풍부하다는 것입니다. 대부분의 일본어 기초 교재가 단순한 문형 연습에 그친 것에 반해 이 책의 회화 연습 코너는 쉽고 재미있는 문제를 풍부하게 제공하고 있어 단시간에 문법과 회화를 자신의 것으로 만들 수 있는 장점이 있습니다. 또한 연습 문제를 청취 연습으로도 활용할 수 있게 함으로써 소홀해지기 쉬운 청취 부분을 더욱 강화하였습니다. 이를 통해 말하고 듣는 훈련 과정을 최대한 쉽게 소화해 낼 수 있도록 하였습니다.

うきうき
우 키 우 키 일 본 어

Exercise

각 과마다 작문 문제를 5개씩 담았습니다. 각 과에서 학습한 주요 문법을 활용하여 기초적인 표현을 다시 짚어 봄으로써 읽고 말하고 듣고 쓸 수 있는 능력을 기를 수 있도록 하였습니다.

일본어 한자의 음독 · 훈독을 확인하고 쓰기 연습을 함으로써, 한자에 대한 기초 실력을 처음부터 탄탄히 쌓아갈 수 있도록 하였습니다. 난이도는 일본어능력시험 N3~N4 정도의 수준을 기준으로 하여 시험에도 자주 출제되는 중요하고 기초적인 한자입니다.

외래어 역시 최근에 들어서는 그 중요성이 더욱 강조되고 있는 만큼 1과~9과까지는 3개씩, 10과~18과까지는 2개씩 수록하여 외래어를 확실하게 익힐 수 있습니다.

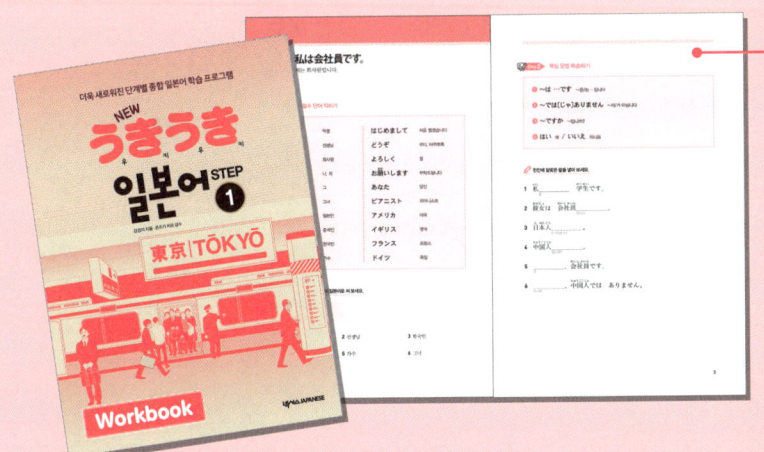

Fun & Talk

마지막 파트에는 게임처럼 즐기며 자유롭게 회화를 할 수 있는 코너입니다. 이는 일반적으로 한인 회화 연습 시간에 사용되는 게임식 회화 자료로서, 기초 문법과 회화 연습을 마친 학습자의 경우 충분히 활용해 볼 수 있는 코너입니다. 이 코너를 통해 상황에 맞는 유창한 일본어 회화 실력을 재미있게 키워 나갈 수 있을 것입니다.

Workbook

각 Lesson에서 배운 단어, 문법, 회화 표현을 확인할 수 있도록 워크북을 별책으로 제공합니다. 문제를 풀면서 실력을 확인해 보세요.

차례

うきうき

우 키 우 키　　일 본 어

문자와 발음

단＼행	あ행	か행	さ행	た행	な행
あ단	あ あかちゃん	か かめ	さ さる	た たんぽぽ	な なす
い단	い いちご	き きんぎょ	し しか	ち ちょう	に にわとり
う단	う うさぎ	く くり	す すいか	つ つばめ	ぬ ぬいぐるみ
え단	え えんぴつ	け けむり	せ せみ	て てぶくろ	ね ねこ
お단	お おう	こ こま	そ そば	と とうだい	の のこぎり

は행	ま행	や행	ら행	わ행	ん
は	ま	や	ら	わ	ん
はさみ	まじょ	やかん	らっぱ	わし	にんじん
ひ	み		り		
ひよこ	みかん		りす		
ふ	む	ゆ	る		
ふうせん	むし	ゆり	るすばん		
へ	め		れ		
へび	めがね		れいぞうこ		
ほ	も	よ	ろ	を	
ほん	もみじ	ようせい	ろうそく	てをあらう	

11

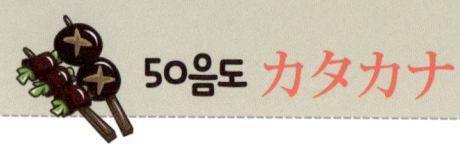

50음도 カタカナ

行 段	ア 行	カ 行	サ 行	タ 行	ナ 行
ア 段	ア アイロン	カ カー	サ サンドイッチ	タ タンバリン	ナ ナイフ
イ 段	イ イルカ	キ キャベツ	シ シーディー	チ チーズ	ニ ニュース
ウ 段	ウ オランウータン	ク クレヨン	ス スリッパ	ツ ツリー	ヌ カヌー
エ 段	エ エプロン	ケ ケーキ	セ セーター	テ テレビ	ネ ネクタイ
オ 段	オ オレンジ	コ コアラ	ソ ソーセージ	ト トマト	ノ ノート

ハ행	マ행	ヤ행	ラ행	ワ행	ン
ハ	マ	ヤ	ラ	ワ	ン
ハーモニカ	マッチ	キャッチャー	ラケット	ワイシャツ	パンダ
ヒ	ミ		リ		
ヒーター	ミルク		リボン		
フ	ム	ユ	ル		
フォーク	アイスクリーム	ユニホーム	キャラメル		
ヘ	メ		レ		
ヘリコプター	メロン		レモン		
ホ	モ	ヨ	ロ		ヲ
ホチキス	モノレール	ヨーグルト	ロープウェー		

13

청음
清音

일본어 글자는 히라가나, 가타카나로 이루어져 있으며, 청음이란
일본어 글자에 탁점이나 반탁점이 없는 글자를 말합니다.

(1) 모음(母音) 일본어에서 기본 모음은 「あ·い·う·え·お」의 다섯 음뿐입니다.

あ행

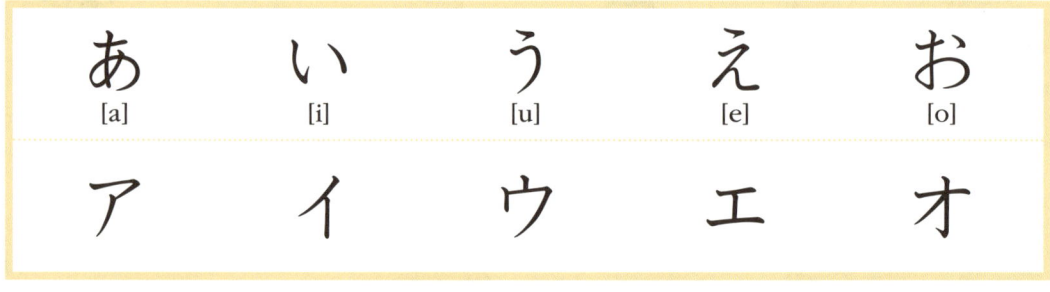

あ	い	う	え	お
[a]	[i]	[u]	[e]	[o]
ア	イ	ウ	エ	オ

いす 의자   うし 소   え 그림   えだ 나뭇가지

※ う는 우리말의 '우'에 가깝지만 입술을 쭈욱 내밀지 말고 약간만 내밀어 부드럽게 발음하면 됩니다.

(2) 반모음(半母音)

や+わ행

や	ゆ	よ	わ
[ya]	[yu]	[yo]	[wa]
ヤ	ユ	ヨ	ワ

※ や, ゆ, よ, わ는 반모음 또는 이중모음이라고 합니다. や, ゆ, よ는 우리말의 '야, 유, 요'와 같이 발음하고,
　わ는 우리말의 '와'와 비슷하게 발음합니다.

(3) 자음(子音)

か행

か	き	く	け	こ
[ka]	[ki]	[ku]	[ke]	[ko]
カ	キ	ク	ケ	コ

かつら 가발   かき 감   ケーキ 케이크   けむり 연기

※ 우리말의 'ㄲ'과 'ㅋ'의 중간쯤 되는 소리라고 하는데
   단어의 가장 앞에 올 때에는 'ㅋ', 단어 중간에 올 때에는 'ㄲ'에 가깝다고 할 수 있습니다.

さ행

さ	し	す	せ	そ
[sa]	[shi]	[su]	[se]	[so]
サ	シ	ス	セ	ソ

すし 초밥   すずめ 참새   そら 하늘   かさ 우산

※ す는 우리말의 '수'와 달리 약간 숨을 들이마시면서 발음하기 때문에 '스'에 가깝다고 할 수 있습니다.

15

た_행

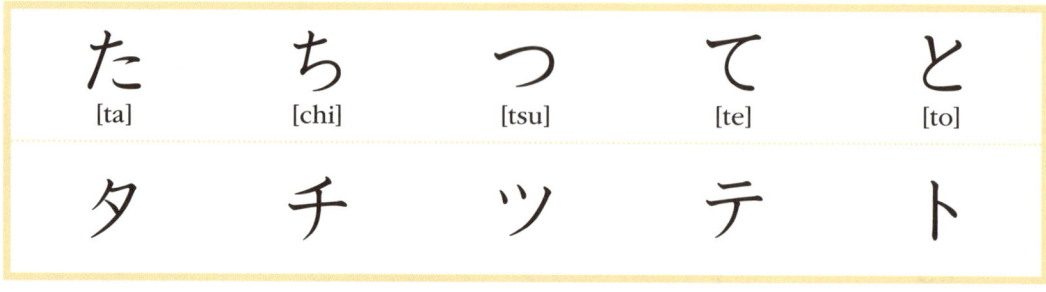

た	ち	つ	て	と
[ta]	[chi]	[tsu]	[te]	[to]
タ	チ	ツ	テ	ト

ノート 노트　　　たこ 문어　　　トマト 토마토　　　ちず 지도

※ ち는 'chi'라고 발음을 표기하는데 우리말의 '찌'에 가깝습니다.

※ つ는 혀 끝부분을 앞니 뒷면의, 앞니와 잇몸이 맞닿아 있는 경계선 부분에 살짝 대고 그 상태에서
　이음새 부분을 혀로 살짝 차면서 '쯔' 발음을 하면 됩니다.

な_행

な	に	ぬ	ね	の
[na]	[ni]	[nu]	[ne]	[no]
ナ	ニ	ヌ	ネ	ノ

かに 게　　　のど 목구멍　　　のり 김　　　なし 배

※ な, ぬ, ね, の는 우리말의 'ㄴ' 발음과 같고, に는 な, ぬ, ね, の보다 혀 앞쪽에서 발음됩니다.

は_행

は [ha]	ひ [hi]	ふ [fu]	へ [he]	ほ [ho]
ハ	ヒ	フ	ヘ	ホ

はね 날개　　**ひふ** 피부　　**はは** 엄마　　**ふうせん** 풍선

※ は행은 우리말의 '하, 히, 후, 헤, 호'보다, 자음인 'ㅎ' 음을 좀 더 세게 내어 바람이 픽픽 새는 듯한 느낌으로
　발음하는 것이 좋습니다.
※ ふ는 우리말의 '후'에 가깝다고 생각하면 됩니다.

ま_행

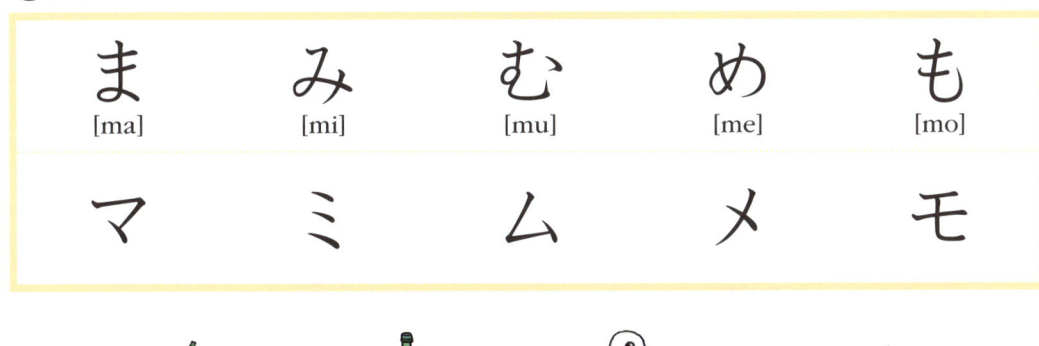

ま [ma]	み [mi]	む [mu]	め [me]	も [mo]
マ	ミ	ム	メ	モ

まめ 콩　　**おつまみ** 술안주　　**かも** 오리　　**むし** 벌레

※ め는 な행의 ぬ와 모양이 비슷하므로 헷갈리지 않도록 하세요.

や행

や	い	ゆ	え	よ
[ya]	[i]	[yu]	[e]	[yo]
ヤ	イ	ユ	エ	ヨ

※ や, ゆ, よ는 반모음 또는 이중모음이라고 합니다.

ら행

ら	り	る	れ	ろ
[ra]	[ri]	[ru]	[re]	[ro]
ラ	リ	ル	レ	ロ

※ ら행은 'r'로 표기되는데 영어의 'r' 음처럼 혀를 굴리지 않습니다. 우리말의 '라, 리, 루, 레, 로'에 가까운 발음입니다.

わ행・ん

わ	を		ん
[wa]	[o]		[n]
ワ	ヲ		ン

※ わ도 や, ゆ, よ와 마찬가지로 반모음 또는 이중모음이라고 합니다.
※ を는 조사로만 사용되는 글자로, 발음은 お와 똑같습니다.

탁음
濁音

か·さ·た·は행에서만 나타나며, 청음 글자의 오른쪽 위에
「 ˝ 」부호를 찍은 글자를 말합니다.

が 행

が	ぎ	ぐ	げ	ご
[ga]	[gi]	[gu]	[ge]	[go]
ガ	ギ	グ	ゲ	ゴ

えいご 영어

ガラス 유리

うさぎ 토끼

まご 손자

※ が행의 표기상으로는 우리말의 'ㄱ' 발음이지만, 실제로 발음할 때는 [ㅇ] 발음을 확실히 내야 합니다.

ざ 행

ざ	じ	ず	ぜ	ぞ
[za]	[ji]	[zu]	[ze]	[zo]
ザ	ジ	ズ	ゼ	ゾ

ざる 소쿠리

ひじ 팔꿈치

ぞう 코끼리

ピザ 피자

※ 우리말의 'ㅈ'과 비슷하지만 성대를 울려서 내는 발음으로 우리말에는 없는 발음입니다.
※ じ에서 [z]는 [i] 앞에서 발음이 좀 달라집니다. [j] 발음이 아니라 [z] 발음입니다.

だ_행

だ [da]	ぢ [ji]	づ [zu]	で [de]	ど [do]
ダ	ヂ	ヅ	デ	ド

ぶどう 포도

どろ 진흙

こづつみ 소포

チヂミ 부침개

※ だ, で, ど는 [d] 발음이고, ぢ와 づ는 ざ행의 じ, ず와 똑같이 발음합니다.

ば_행

ば [ba]	び [bi]	ぶ [bu]	べ [be]	ぼ [bo]
バ	ビ	ブ	ベ	ボ

えび 새우

かばん 가방

ぼうし 모자

ビール 맥주

※ ば행의 자음은 영어의 'b'와 비슷하며 우리말의 'ㅂ' 음과 같습니다.

반탁음
半濁音

반탁음은 は행의 오른쪽 상단에 반탁음 부호 「°」를 붙인
'pa, pi, pu, pe, po'를 말합니다.

ぱ행

ぱ	ぴ	ぷ	ぺ	ぽ
[pa]	[pi]	[pu]	[pe]	[po]
パ	ピ	プ	ペ	ポ

いっぱい 가득　　ペン 펜　　ピンク 분홍　　パパ 아빠

※ 우리말의 'ㅃ' 발음과 비슷한데 단어의 맨 앞에 오면 'ㅍ'으로 발음됩니다.

요음
拗音

반모음「や・ゆ・よ」가 다른 글자와 함께 쓰여, 그 글자와 함께
한 글자처럼 발음하는 경우를 요음이라고 합니다.

(1) 청음(清音)의 요음

	き [ki]	し [shi]	ち [chi]	に [ni]	ひ [hi]	み [mi]	り [ri]
や [ya]	きゃ [kya]	しゃ [sya]	ちゃ [cha]	にゃ [nya]	ひゃ [hya]	みゃ [mya]	りゃ [rya]
ゆ [yu]	きゅ [kyu]	しゅ [syu]	ちゅ [chu]	にゅ [nyu]	ひゅ [hyu]	みゅ [myu]	りゅ [ryu]
よ [yo]	きょ [kyo]	しょ [syo]	ちょ [cho]	にょ [nyo]	ひょ [hyo]	みょ [myo]	りょ [ryo]

예 おちゃ 차　みゃく 맥　しゅみ 취미　ひゃく 100(백)

(2) 탁음(濁音)·반탁음(半濁音)의 요음

	ぎ [gi]	じ [ji]	ぢ [ji]	び [bi]	ぴ [pi]
や [ya]	ぎゃ [gya]	じゃ [ja]	ぢゃ [ja]	びゃ [bya]	ぴゃ [pya]
ゆ [yu]	ぎゅ [gyu]	じゅ [ju]	ぢゅ [ju]	びゅ [byu]	ぴゅ [pyu]
よ [yo]	ぎょ [gyo]	じょ [jo]	ぢょ [jo]	びょ [byo]	ぴょ [pyo]

예 ギャグ 개그　じゃま 방해

발음
撥音

「ん」은 다른 글자 뒤에 와서 우리말의 받침과 같은 역할을 합니다.

❶ 「m(ㅁ)」　　ん + ま・ば・ぱ행

さんま 꽁치	しんぶん 신문

❷ 「n(ㄴ)」　　ん + さ・た・な・ら・ざ・だ행

しんせつ 친절	かんじ 한자

❸ 「ŋ(ㅇ)」　　ん + か・が행

おんがく 음악	げんき 건강함

❹ 「N(콧소리)」　　ん으로 끝날 때, ん + あ・は・や・わ행

れんあい 연애	でんわ 전화

촉음
促音

촉음은 「つ」를 2분의 1 크기로 표기하여 우리말의 받침 역할을 하는데, 하나의 독립된 음절로 발음합니다.

❶ 「k(ㄱ)」　　っ + か행

いっき 한숨	がっこう 학교

❷ 「s(ㅅ)」　　っ + さ행

いっさい 한 살	さっそく 즉시

❸ 「t(ㄷ)」　　っ + た행

きって 우표	おっと 남편

❹ 「p(ㅂ)」　　っ + ぱ행

いっぱい 가득, 한잔	しっぽ 꼬리

장음
長音

한 낱말의 가운데 있는 두 음절 또는 세 음절을 한 음절처럼 길게 발음하는 소리를 말합니다.

	장음(長音)	단음(短音)
あ단 + あ	おか**あ**さん 어머니	おばさん 아주머니
い단 + い	おに**い**さん 오빠	おじさん 아저씨
う단 + う	す**う**がく 수학	くき 줄기
え단 + え + い	おね**え**さん 누나, 언니	え 그림
	と**け**い 시계	へや 방
お단 + お + う	お**お**きい 크다	おい 남자 조카
	こ**う**えん 공원	そこ 거기
요음 + う	**きょ**うかい 교회	しょめい 서명

예 おば**あ**さん 할머니   おじ**い**さん 할아버지   ゆ**う**がた 저녁
えいご 영어   りょこう 여행   じゅう 10(십)

24

더욱 새로워진 단계별 종합 일본어 학습 프로그램

NEW うきうき

우 키 우 키

일본어

私は会社員です。
わたし　かい しゃ いん

저는 회사원입니다.

[표현 익히기] 자기소개 / 명사의 긍정문 · 부정문 · 의문문

姜^{カン}： はじめまして。

姜^{カン}ハンチョクです。

どうぞ よろしく お願^{ねが}いします。

山田^{やまだ}： はじめまして。山田^{やまだ}です。

こちらこそ よろしく お願^{ねが}いします。

姜^{カン}さんは 学生^{がくせい}ですか。

姜^{カン}： いいえ、学生^{がくせい}じゃありません。

会社員^{かいしゃいん}です。

강한척: 처음 뵙겠습니다.
강한척입니다.
잘 부탁드립니다.
야마다: 처음 뵙겠습니다. 야마다입니다.
저야말로 잘 부탁드리겠습니다.
한척 씨는 학생이에요?
강한척: 아니요, 학생이 아닙니다.
회사원입니다.

🔍 **단어** ---

はじめまして 처음 뵙겠습니다 | **どうぞ** 부디, 아무쪼록 | **よろしく** 잘 | **お願(ねが)いします** 부탁드립니다 | **こちらこそ** 이쪽이야
말로, 저야말로 | **学生**(がくせい) 학생 | **会社員**(かいしゃいん) 회사원

GRAMMAR

1

～は …です　　　　　～은/는 …입니다

私は　学生です。

彼女は　会社員です。

彼は　日本人です。

2

～では[じゃ]ありません　　～이/가 아닙니다

学生では[じゃ]ありません。

会社員では[じゃ]ありません。

日本人では[じゃ]ありません。

인칭대명사

1인칭	2인칭	3인칭
私 나, 저	**あなた** 너, 당신	**彼** 그, 그 사람
		彼女 그녀

 **단어**

私(わたし) 저 ｜ **学生**(がくせい) 학생 ｜ **会社員**(かいしゃいん) 회사원 ｜ **日本人**(にほんじん) 일본인

③ 〜ですか

〜입니까?

<ruby>学<rt>が</rt></ruby><ruby>生<rt>くせい</rt></ruby>ですか。

<ruby>会<rt>かい</rt></ruby><ruby>社<rt>しゃ</rt></ruby><ruby>員<rt>いん</rt></ruby>ですか。

<ruby>中<rt>ちゅう</rt></ruby><ruby>国<rt>ごく</rt></ruby><ruby>人<rt>じん</rt></ruby>ですか。

④ はい / いいえ

예 / 아니요

はい、<ruby>学<rt>が</rt></ruby><ruby>生<rt>くせい</rt></ruby>です。

はい、<ruby>会<rt>かい</rt></ruby><ruby>社<rt>しゃ</rt></ruby><ruby>員<rt>いん</rt></ruby>です。

いいえ、<ruby>中<rt>ちゅう</rt></ruby><ruby>国<rt>ごく</rt></ruby><ruby>人<rt>じん</rt></ruby>ではありません。

국적

<ruby>韓<rt>かん</rt></ruby><ruby>国<rt>こく</rt></ruby><ruby>人<rt>じん</rt></ruby> 한국인	<ruby>日<rt>に</rt></ruby><ruby>本<rt>ほん</rt></ruby><ruby>人<rt>じん</rt></ruby> 일본인	<ruby>中<rt>ちゅう</rt></ruby><ruby>国<rt>ごく</rt></ruby><ruby>人<rt>じん</rt></ruby> 중국인
アメリカ<ruby>人<rt>じん</rt></ruby> 미국인	イギリス<ruby>人<rt>じん</rt></ruby> 영국인	フランス<ruby>人<rt>じん</rt></ruby> 프랑스인
ロシア<ruby>人<rt>じん</rt></ruby> 러시아인	カナダ<ruby>人<rt>じん</rt></ruby> 캐나다인	ベトナム<ruby>人<rt>じん</rt></ruby> 베트남인

 단어

中国人(ちゅうごくじん) 중국인

LET'S TALK

Ⅰ 다음 보기와 같이 연습해 보세요.

🎧 MP3 01-2

| 보기 |
金(キム)さんは 医者(いしゃ)です。

1

私(わたし) / 学生(がくせい)

2

私(わたし) / 会社員(かいしゃいん)

3

彼(かれ) / 歌手(かしゅ)

Ⅱ 다음 보기와 같이 연습해 보세요.

| 보기 |
私(わたし)は ドイツ人(じん)です。

1

山田(やまだ)さん / 日本人(にほんじん)

2

王(ワン)さん / 中国人(ちゅうごくじん)

3

スミスさん / アメリカ人(じん)

 단어 --

医者(いしゃ) 의사 ｜ 歌手(かしゅ) 가수 ｜ **ドイツ人**(じん) 독일인 ｜ **アメリカ人**(じん) 미국인

30

Ⅲ 다음 보기와 같이 연습해 보세요.

A: 金_{キム}さんは 韓国人_{かんこくじん}ですか。

B: はい、韓国人_{かんこくじん}です。

A: 山田_{やまだ}さんは 韓国人_{かんこくじん}ですか。

B: いいえ、韓国人_{かんこくじん}ではありません。

1
彼_{かれ} / 学生_{がくせい}

2
彼_{かれ} / ピアニスト

3
彼_{かれ} / 歌手_{かしゅ}

4
彼女_{かのじょ} / 先生_{せんせい}

5
彼女_{かのじょ} / 日本人_{にほんじん}

🔍 단어 --

韓国人(かんこくじん) 한국인 | **彼**(かれ) 그, 그 사람 | **ピアニスト** 피아니스트 | **彼女**(かのじょ) 그녀 | **先生**(せんせい) 선생님

EXERCISE

다음 빈칸에 알맞은 말을 넣어 보세요.

❶ 처음 뵙겠습니다.

は_____

❷ 아무쪼록 잘 부탁드립니다.

どうぞ _____

❸ 저는 학생입니다.

<ruby>私<rt>わたし</rt></ruby>は _____

❹ 그는 회사원이 아닙니다.

<ruby>彼<rt>かれ</rt></ruby>は _____

❺ 중국인입니까?

<ruby>中国人<rt>ちゅうごくじん</rt></ruby> _____

🔍 **단어** -

どうぞ 아무쪼록, 부디 ┃ **私**(わたし) 저 ┃ **彼**(かれ) 그, 그 사람 ┃ **中国人**(ちゅうごくじん) 중국인

学
배울 학

음독 がく　훈독 まなぶ 배우다　丶 丷 丷 ヅ 学 学 学

| 学 | 学 | 学 | 学 | 学 | 学 |

生
날 생

음독 せい / しょう　훈독 生(なま) 생 / 生(い)きる 살다 / 生(う)まれる 태어나다　丿 ヒ ヒ 生 生

| 生 | 生 | 生 | 生 | 生 | 生 |

だい がく
大学
대 학

| 大学 | 大学 | 大学 | 大学 | 大学 | 大学 |

せん せい
先生
선생님

| 先生 | 先生 | 先生 | 先生 | 先生 | 先生 |

アメリカ 미국

| アメリカ | アメリカ | アメリカ | アメリカ |

イギリス 영국

| イギリス | イギリス | イギリス | イギリス |

フランス 프랑스

| フランス | フランス | フランス | フランス |

다음 사람의 이름과 직업을 물으면서 연습해 보세요.

失礼_{しつれい}ですが、お名前_{なまえ}は? 실례합니다만, 성함은?

失礼_{しつれい}ですが、お仕事_{しごと}は? 실례합니다만, 하시는 일은?

田中_{たなか} - 会社員_{かいしゃいん}
회사원

佐藤_{さとう} - 銀行員_{ぎんこういん}
은행원

鈴木_{すずき} - 先生_{せんせい}
선생님

高橋_{たかはし} - 運転手_{うんてんしゅ}
운전수

<ruby>中<rt>なか</rt>村<rt>むら</rt></ruby> - <ruby>医<rt>い</rt>者<rt>しゃ</rt></ruby>

의사

<ruby>吉<rt>よし</rt>田<rt>だ</rt></ruby> - けいさつ

경찰

<ruby>三<rt>み</rt>木<rt>き</rt></ruby> - <ruby>美<rt>び</rt>容<rt>よう</rt>師<rt>し</rt></ruby>

미용사

<ruby>吉<rt>よし</rt>村<rt>むら</rt></ruby> - <ruby>歌<rt>か</rt>手<rt>しゅ</rt></ruby>

가수

<ruby>工<rt>く</rt>藤<rt>どう</rt></ruby> - <ruby>公<rt>こう</rt>務<rt>む</rt>員<rt>いん</rt></ruby>

공무원

<ruby>渡<rt>わた</rt>辺<rt>なべ</rt></ruby> - モデル

모델

それはだれの本ですか。

그것은 누구 책이에요?

표현 익히기 | 사물을 가리키는 지시어 こ・そ・あ・ど 법칙 / 조사의 용법

🗨 Dialogue

田中_{たなか}： すみません。

それは だれの 本_{ほん}ですか。

姜_{カン}： あ、これは 私_{わたし}のです。

田中_{たなか}： じゃ、この ボールペンも 姜_{カン}さんのですか。

姜_{カン}： はい、そうです。

田中_{たなか}： そうですか。

えーと。じゃ、私_{わたし}の 本_{ほん}と ボールペンは…?

姜_{カン}： ハハ、実_{じつ}は これ、全部_{ぜんぶ} 田中_{たなか}さんのです。

다나카: 실례합니다.
　　　　그것은 누구 책이에요?
강한척: 아, 이것은 제 것입니다.
다나카: 그럼, 이 볼펜도 한척 씨 거예요?
강한척: 네, 그렇습니다.
다나카: 그래요?
　　　　음…. 그럼, 내 책하고 볼펜은……?
강한척: 하하, 실은 이것 전부 다나카 씨 거예요.

 **단어** ---

それ 그것 ｜ だれ 누구 ｜ ～の ～의, ～의 것 ｜ 本(ほん) 책 ｜ これ 이것 ｜ じゃ 그럼 ｜ この 이 ｜ ボールペン 볼펜 ｜ ～も ～도 ｜
はい 네 ｜ そうです 그렇습니다 ｜ えーと 망설일 때의 의성어 ｜ 実(じつ)は 실은 ｜ 全部(ぜんぶ) 전부

GRAMMAR

1 **これ / それ / あれ / どれ**　이것 / 그것 / 저것 / 어느 것

これは 本です。

それは かばんです。

あれは つくえです。

2 **この / その / あの / どの**　이 / 그 / 저 / 어느

この 本

その ボールペン

あの かばん

どの 車

こ・そ・あ・ど 법칙

これ 이것	それ 그것	あれ 저것	どれ 어느 것
この 이	その 그	あの 저	どの 어느
こちら 이쪽	そちら 그쪽	あちら 저쪽	どちら 어느 쪽
こんな 이런	そんな 그런	あんな 저런	どんな 어떤
ここ 여기	そこ 거기	あそこ 저기	どこ 어디

 **단어** -

本(ほん) 책 ┃ **かばん** 가방 ┃ **つくえ** 책상 ┃ **ボールペン** 볼펜 ┃ **車**(くるま) 차, 자동차

③

〜の　　　　　　　　　　　　〜의, 〜의 것

❶ 〜의 (소유격 조사)

私の　本　　　　　　　　先生の　めがね

❷ 〜의 것 (소유대명사)

私の　　　　　　　　　　先生の

❸ 명사 수식

日本語の　本　　　　　　中国の　会社

④

〜と　　　　　　　　　　　　〜와/과

先生と　学生

韓国人と　日本人

本と　ノート

⑤

〜も　　　　　　　　　　　　〜도

私も　学生です。

これも　私のです。

彼女も　先生です。

🔍 **단어** --

めがね 안경 ｜ **日本語**(にほんご) 일본어 ｜ **中国**(ちゅうごく) 중국 ｜ **会社**(かいしゃ) 회사 ｜ **ノート** 노트

LET'S TALK

Ⅰ 다음 보기와 같이 연습해 보세요.

🎧 MP3 02-2

> |보기|
>
> A: この かばんは 先生のですか。
>
> B: はい、先生のです。
>
> いいえ、先生のではありません。

1 A: この 帽子は 金さんのですか。

B: はい、＿＿＿＿＿＿＿＿＿＿＿＿＿＿＿。

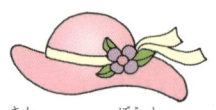

金さんの 帽子

2 A: この ボールペンは 金さんのですか。

B: いいえ、＿＿＿＿＿＿＿＿＿＿＿＿＿。

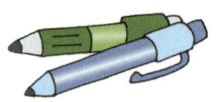

先生の ボールペン

3 A: その 時計は 山田さんのですか。

B: いいえ、＿＿＿＿＿＿＿＿＿＿＿＿＿。

田中さんの 時計

4 A: その めがねは 山田さんのですか。

B: はい、＿＿＿＿＿＿＿＿＿＿＿＿＿＿。

山田さんの めがね

5 A: あの 車は 先生のですか。

B: いいえ、＿＿＿＿＿＿＿＿＿＿＿＿＿。

姜さんの 車

🔍 단어 --

かばん 가방 | 帽子(ぼうし) 모자 | ボールペン 볼펜 | 時計(とけい) 시계 | めがね 안경 | 車(くるま) 차, 자동차

Ⅱ 다음 보기와 같이 연습해 보세요.

| 보기 |
A: これは だれの かばんですか。
B: それは 先生の かばんです。

1 A: これは だれの 本ですか。
　 B: ＿＿＿＿は 先生の 本です。

先生の 本

2 A: これは だれの ケータイですか。
　 B: ＿＿＿＿は 友達の ケータイです。

友達の ケータイ

3 A: それは だれの カメラですか。
　 B: ＿＿＿＿は 私の カメラです。

私の カメラ

4 A: それは だれの 写真ですか。
　 B: ＿＿＿＿は ナさんの 写真です。

ナさんの 写真

5 A: あれは だれの くつですか。
　 B: ＿＿＿＿は 金さんの くつです。

金さんの くつ

🔍 **단어** --

これ 이것 | だれ 누구 | それ 그것 | 本(ほん) 책 | ケータイ 휴대전화 | 友達(ともだち) 친구 | カメラ 카메라 | 写真(しゃしん) 사진 | あれ 저것 | くつ 구두

다음 빈칸에 알맞은 말을 넣어 보세요.

① 이것은 나의 가방입니다. (かばん)

これは _____

② 그것은 야마다 씨의 볼펜입니다. (ボールペン)

それは _____

③ 저것은 일본 잡지입니다. (雑誌^{ざっし})

あれは _____

④ 이 차는 회사의 것입니다. (車^{くるま})

この _____

⑤ 그 휴대전화는 나의 것이 아닙니다. (ケータイ)

その _____

⑥ 저 구두는 선생님의 것입니다. (くつ)

あの _____

🔍 단어 -

ボールペン 볼펜 | **日本**(にほん) 일본 | **雑誌**(ざっし) 잡지 | **車**(くるま) 차, 자동차 | **会社**(かいしゃ) 회사 | **くつ** 구두

日
해 **일**

음독 にち	훈독 日(ひ) 날, 해	l	⺆	月	日
日	日	日	日	日	日

本
근본 **본**

음독 ほん	훈독 本(もと) 근본, 기본	一	十	才	木	本
本	本	本	本	本	本

まい にち
毎 日
매   일

毎 日	毎 日	毎 日	毎 日	毎 日	毎 日

ほん だな
本 棚
책   장

本 棚	本 棚	本 棚	本 棚	本 棚	本 棚

외래어 연습

カメラ **카메라**

カメラ	カメラ	カメラ	カメラ

ノート **노트**

ノート	ノート	ノート	ノート

ベッド **침대**

ベッド	ベッド	ベッド	ベッド

그림을 보면서 사물의 이름을 물어보세요.

A : これは 何_{なん}ですか。

B : それは えんぴつです。

本_{ほん}
책

ノート 노트

辞書_{じしょ}
사전

いす
의자

えんぴつ 연필

つくえ
책상

消_けしゴム 지우개

かばん 가방

めがね 안경

とけい
時計 시계

しんぶん
新聞 신문

カメラ 카메라

かさ
우산

さいふ
財布 지갑

くつ
靴 구두

ざっし
雑誌 잡지

<ruby>会<rt>かい</rt></ruby><ruby>社<rt>しゃ</rt></ruby>は<ruby>何<rt>なん</rt></ruby><ruby>時<rt>じ</rt></ruby>から<ruby>何<rt>なん</rt></ruby><ruby>時<rt>じ</rt></ruby>までですか。

会社は何時から何時までですか。

회사는 몇 시부터 몇 시까지예요?

표현 익히기 │ 시간 관련 표현

💬 Dialogue

🎧 MP3 03-1

山田: 姜さん、姜さんの 会社は 何時から 何時まで

ですか。

姜: 会社は 朝 9時から 午後 5時までですが、

仕事の 後 飲み会が…。

山田: 飲み会?

飲み会は 普通 何時まで…?

姜: あの、それが…。ちょっと…。

야마다: 한척 씨, 한척 씨의 회사는 몇 시부터 몇 시까지예요?

강한척: 회사는 아침 9시부터 오후 5시까지입니다만,

일이 끝난 후 회식이…….

야마다: 회식요?

회식은 보통 몇 시까지 해요?

강한척: 저, 그게……. 좀…….

 단어 -

会社(かいしゃ) 회사 ｜ **何時**(なんじ) 몇 시 ｜ **〜から** 〜부터 ｜ **〜まで** 〜까지 ｜ **朝**(あさ) 아침 ｜ **9時**(くじ) 9시 ｜ **午後**(ごご) 오후 ｜
5時(ごじ) 5시 ｜ **仕事**(しごと) 일, 업무 ｜ **後**(あと) 후, 뒤 ｜ **飲**(の)**み会**(かい) 술자리, 회식, 모임 ｜ **普通**(ふつう) 보통 ｜ **あの** 저, 저기(말을 걸거나 말이 막힐 때) ｜ **ちょっと** 좀, 조금

GRAMMAR

1 何時_{なんじ}ですか　　　　　　　　몇 시입니까?

今_{いま}　何時_{なんじ}ですか。
→ 一時_{いちじ}です。
→ 12時半_{じゅうにじはん}です。

2 〜から …まで　　　　　　　　〜부터 …까지

病院_{びょういん}は　何時_{なんじ}から　何時_{なんじ}までですか。
アルバイトは　朝_{あさ}　9時_{くじ}から　午後_{ごご}　6時_{ろくじ}までです。

3 〜が　　　　　　　　　　　　〜만, 〜이/가

❶ 〜만 (역접의 접속사)
すみませんが。/ 失礼_{しつれい}ですが。
私_{わたし}は　韓国人_{かんこくじん}ですが。

❷ 〜이/가 (주격 조사)
これが　私_{わたし}のです。
あの人_{ひと}が　山田_{やまだ}さんです。

🔍 **단어** -

半(はん) 반, 절반 | 病院(びょういん) 병원 | アルバイト 아르바이트 | 朝(あさ) 아침 | 午後(ごご) 오후 | すみません 죄송합니다 |
失礼(しつれい)です 실례합니다 | あの人(ひと) 저 사람

시간 익히기

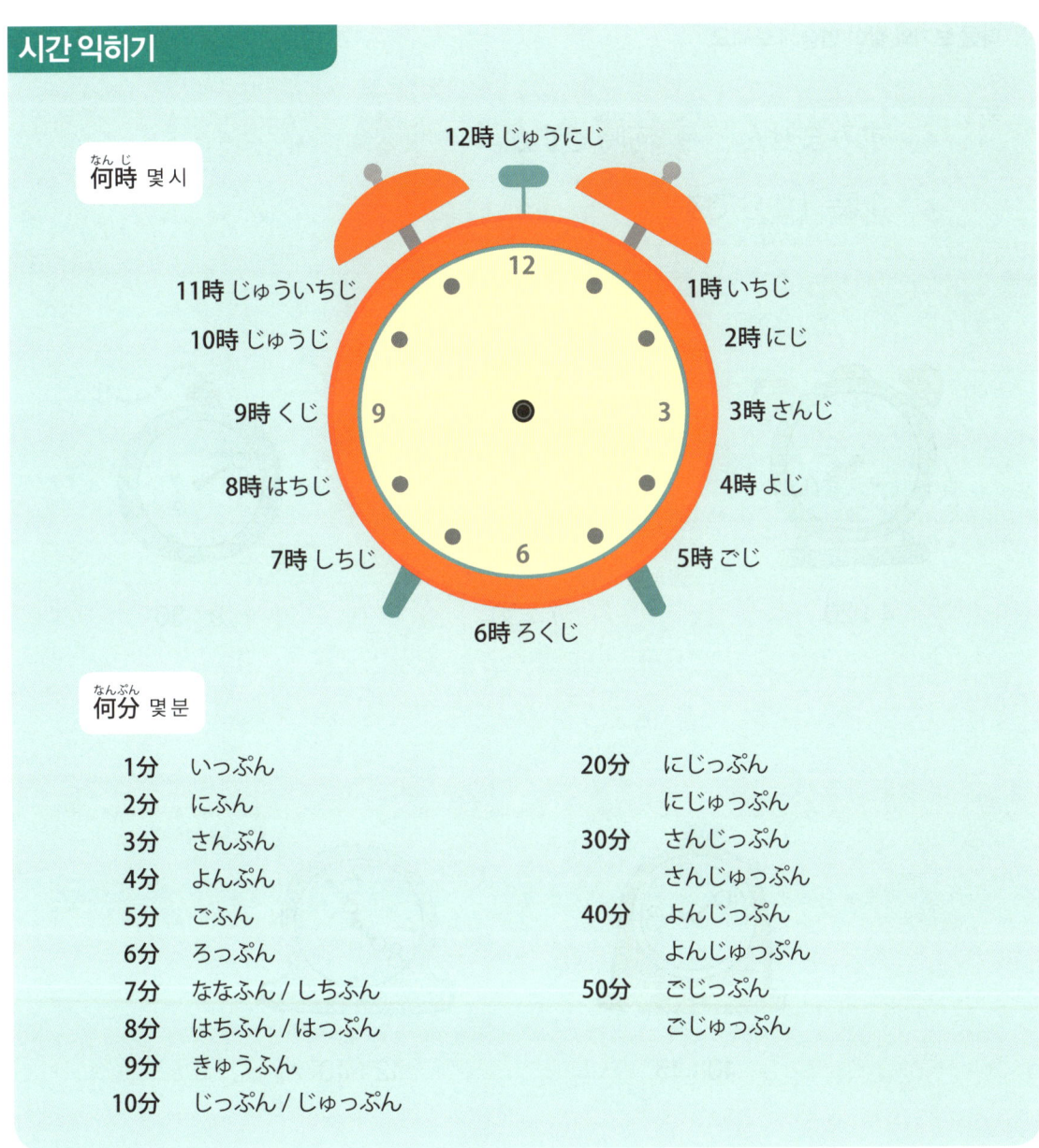

何時 (なんじ) 몇 시

12時 じゅうにじ
11時 じゅういちじ
10時 じゅうじ
9時 くじ
8時 はちじ
7時 しちじ
6時 ろくじ
1時 いちじ
2時 にじ
3時 さんじ
4時 よじ
5時 ごじ

何分 (なんぷん) 몇 분

1分	いっぷん	20分	にじっぷん
2分	にふん		にじゅっぷん
3分	さんぷん	30分	さんじっぷん
4分	よんぷん		さんじゅっぷん
5分	ごふん	40分	よんじっぷん
6分	ろっぷん		よんじゅっぷん
7分	ななふん / しちふん	50分	ごじっぷん
8分	はちふん / はっぷん		ごじゅっぷん
9分	きゅうふん		
10分	じっぷん / じゅっぷん		

시간 표현

午前 (ごぜん) 오전　　午後 (ごご) 오후　　朝 (あさ) 아침　　昼 (ひる) 낮　　夜 (よる) 밤, 저녁

LET'S TALK

Ⅰ 다음 보기와 같이 연습해 보세요.

🎧 MP3 03-2

|보기|

A: すみません、今 何時ですか。

B: 1時 10分です。

1
4 : 20

2

7 : 30

3

9 : 50

4

10 : 15

5
12 : 40

🔍 단어 --

すみません 죄송합니다, 실례합니다 │ **今**(いま) 지금 │ **何時**(なんじ) 몇 시

Ⅱ 다음 보기와 같이 연습해 보세요.

|보기|
A: 学校は 何時から 何時までですか。
B: 学校は 午前 9時から 午後 4時半までです。

1

会社
(A.M.) 9:00 ~ (P.M.) 5:00

2

銀行
(A.M.) 9:00 ~ (P.M.) 4:00

3

デパート
(A.M.) 10:30 ~ (P.M.) 8:00

4

病院
(A.M.) 09:30 ~ (P.M.) 6:00

5

レストラン
(A.M.) 11:00 ~ (P.M.) 10:00

🔍 **단어** --

学校(がっこう) 학교 ｜ **午前**(ごぜん) 오전 ｜ **午後**(ごご) 오후 ｜ **会社**(かいしゃ) 회사 ｜ **銀行**(ぎんこう) 은행 ｜ **デパート** 백화점 ｜ **病院**(びょういん) 병원 ｜ **レストラン** 레스토랑

EXERCISE

다음 빈칸에 알맞은 말을 넣어 보세요.

① 일본어 수업은 7시부터 8시까지입니다.

日本語の 授業は _____

② 점심시간은 12시부터 1시까지입니다.

昼休みは _____

③ 회의는 오전 10시부터 12시까지입니다. (午前)

会議は _____

④ 아르바이트는 오후 6시부터 11시까지입니다. (午後)

アルバイトは _____

⑤ 미용실은 오전 10시부터 오후 9시까지입니다.

美容院は _____

🔍 **단어** --

授業(じゅぎょう) 수업 ｜ **昼休**(ひるやす)**み** 점심시간 ｜ **会議**(かいぎ) 회의 ｜ **アルバイト** 아르바이트 ｜ **美容院**(びょういん) 미용실

52

会
모일 회

음독 かい　훈독 会(あ)う 만나다　ノ　ハ　个　会　会　会

社
회사 사

음독 しゃ　훈독 やしろ 신사　丶　ラ　ネ　ネ　ネ⁻　社　社

かい しゃ
会社
회　사

かい ぎ
会議
회　의

しゃ かい
社会
사　회

외래어 연습

アルバイト　아르바이트

| アルバイト | アルバイト | アルバイト | アルバイト |

デパート　백화점

| デパート | デパート | デパート | デパート |

レストラン　레스토랑

| レストラン | レストラン | レストラン | レストラン |

FUN & TALK

다음 장소를 찾아가려고 합니다. 가기 전에 미리 몇 시부터 몇 시까지 하는지 물어보세요.

何時_{なんじ}から 何時_{なんじ}までですか。

BANK

銀行_{ぎんこう} (A.M.) 9:00 ~ (P.M.) 4:00

学校_{がっこう} (A.M.) 9:00 ~ (P.M.) 4:00

Post

郵便局_{ゆうびんきょく} (A.M.) 9:00 ~ (P.M.) 6:00

コンビニ

コンビニ 24時間営業_{じかんえいぎょう}

図書館_{としょかん} (A.M.) 6:30 ~ (P.M.) 5:00

movie

映画館_{えいがかん} (A.M.) 10:30 ~ (P.M.) 11:50

病院 (A.M.) 09:30 ~ (P.M.) 6:00

スポーツクラブ (A.M.) 5:00 ~ (P.M.) 11:00

美術館 (A.M.) 9:00 ~ (P.M.) 4:00

デパート (A.M.) 10:30 ~ (P.M.) 8:00

てんぷらうどん 2 つとおにぎり 1 つ ください。

튀김 우동 두 개와 주먹밥 한 개 주세요.

표현 익히기 | 숫자 세기 / 가격 표현

🎧 MP3 04-1

店員： いらっしゃいませ。何名様ですか。

姜： ２名です。

店員： こちらへ どうぞ。メニューは こちらです。

姜： てんぷらうどん ２つと おにぎり １つ ください。

コーラも １つ ください。

（식사 후）

姜： お会計 お願いします。

店員： てんぷらうどん ２つと おにぎり １つ、コーラ １つ

全部で 1,890円です。

ありがとうございます。

점원:	어서 오세요. 몇 분이신가요?
강한척:	두 명입니다.
점원:	이쪽으로 오세요. 메뉴는 이쪽입니다.
강한척:	튀김 우동 두 개와 주먹밥 한 개 주세요.
	콜라도 하나 주세요.

（식사 후）

강한척: 계산 부탁드립니다.

점원: 튀김 우동 두 개와 주먹밥 한 개, 콜라 하나
전부 해서 1,890엔입니다. 감사합니다.

🔍 **단어** --

店員(てんいん) 점원 ┃ **いらっしゃいませ** 어서 오세요 ┃ **何名様**(なんめいさま) 몇 분 ┃ **2名**(にめい) 두 명 ┃ **こちらへどうぞ** 이쪽으로 오세요 ┃ **メニュー** 메뉴 ┃ **てんぷら** 튀김 ┃ **うどん** 우동 ┃ **2**(ふた)**つ** 둘, 두 개 ┃ **おにぎり** 주먹밥 ┃ **1**(ひと)**つ** 하나, 한 개 ┃ **ください** 주세요 ┃ **コーラ** 콜라 ┃ **～も** ～도 ┃ **お会計**(かいけい) 계산 ┃ **お願**(ねが)**いします** 부탁드립니다 ┃ **全部**(ぜんぶ)**で** 전부 해서, 다 해서 ┃ **～円**(えん) ～엔 ┃ **ありがとうございます** 감사합니다

GRAMMAR

❶ いくらですか 　　　　　　　　얼마입니까?

コーヒーは　いくらですか。

うどんは　いくらですか。

この時計_{とけい}は　いくらですか。

❷ 〜(を) ください 　　　　　　〜(을/를) 주세요

お水_{みず}(を)　ください。

コーヒー(を)　ください。

おにぎり(を)　ください。

❸ 〜で 　　　　　　〜해서, 〜에(합계한 수량) / 〜이고(구분)

① 〜해서, 〜에 (합계한 수량)

2つ_{ふた}で　1,000ウォンです。

全部_{ぜんぶ}で　いくらですか。

② 〜이고 (구분)

これは　ケータイで、それは　カメラです。

私_{わたし}は　韓国人_{かんこくじん}で、山田_{やまだ}さんは　日本人_{にほんじん}です。

 단어

コーヒー 커피 ｜ 時計(とけい) 시계 ｜ お水(みず) 물 ｜ 〜ウォン 〜원 ｜ カメラ 카메라

58

④ 개수 세기

ひと　いっこ
1つ / 1個
하나, 1개

ふた　にこ
2つ / 2個
둘, 2개

みっ　さんこ
3つ / 3個
셋, 3개

よっ　よんこ
4つ / 4個
넷, 4개

いつ　ごこ
5つ / 5個
다섯, 5개

むっ　ろっこ
6つ / 6個
여섯, 6개

なな　ななこ
7つ / 7個
일곱, 7개

やっ　はっこ
8つ / 8個
여덟, 8개

ここの　きゅうこ
9つ / 9個
아홉, 9개

じゅっこ
とお / 10個
열, 10개

じゅういっこ
11個　11개

じゅうにこ
12個　12개

じゅうさんこ
13個　13개

じゅうよんこ
14個　14개

じゅうごこ
15個　15개

じゅうろっこ
16個　16개

숫자 읽기

1 - 10

1 いち	2 に	3 さん	4 し／よん	5 ご
6 ろく	7 しち／なな	8 はち	9 く／きゅう	10 じゅう

20 - 90

20 にじゅう	30 さんじゅう	40 よんじゅう	50 ごじゅう	60 ろくじゅう
70 ななじゅう	80 はちじゅう	90 きゅうじゅう		

100 이상의 숫자 읽기

～百(ひゃく)

100 ひゃく	200 にひゃく	300 さんびゃく	400 よんひゃく	500 ごひゃく
600 ろっぴゃく	700 ななひゃく	800 はっぴゃく	900 きゅうひゃく	

～千(せん)

1000 せん	2000 にせん	3000 さんぜん	4000 よんせん	5000 ごせん
6000 ろくせん	7000 ななせん	8000 はっせん	9000 きゅうせん	

～万(まん)

1万 いちまん	10万 じゅうまん	100万 ひゃくまん	1000万 せんまん

사람 수 세기

一人(ひとり) 한 명	二人(ふたり) 두 명	三人(さんにん) 세 명
四人(よにん) 네 명	五人(ごにん) 다섯 명	六人(ろくにん) 여섯 명
七人(しちにん) 일곱 명	八人(はちにん) 여덟 명	九人(きゅうにん) 아홉 명
十人(じゅうにん) 열 명	十一人(じゅういちにん) 열한 명	十二人(じゅうににん) 열두 명

LET'S TALK

Ⅰ 다음 보기와 같이 연습해 보세요.　　　　　　　　　　　　　🎧 MP3 04-2

| 보기 |

A: デジタルカメラは いくらですか。

B: 38万ウォンです。
　　（さんじゅうはちまん）

1

ワイシャツ / 45,000원

2

かばん / 270,000원

3

ノートパソコン / 1,890,000원

Ⅱ 다음 보기와 같이 연습해 보세요.

| 보기 |

A: トマトは いくらですか。

B: 五つで 3,000ウォンです。
　（いつ）　　（さんぜん）

1

りんご / 二つ / 5,000원
　　　　（ふた）

2

なし / 三つ / 10,000원
　　　（みっ）

3

もも / 四つ / 6,000원
　　　（よっ）

🔍 **단어** --

デジタルカメラ 디지털카메라 ｜ ワイシャツ 와이셔츠 ｜ かばん 가방 ｜ ノートパソコン 노트북 ｜ トマト 토마토 ｜ りんご 사과 ｜
なし 배 ｜ もも 복숭아

LET'S TALK

Ⅲ 다음 보기와 같이 연습해 보세요.

> | 보기 |
> A: ラーメンは いくらですか。
>
> B: しおラーメンは 980円で、
> 　　きゅうひゃくはちじゅうえん
>
> 味噌ラーメンは 1,020円です。
> み　そ　　　　　　せんにじゅう　えん

1

サンドイッチ /

ハムサンドイッチ 440円 /
よんひゃくよんじゅうえん

エッグサンドイッチ 510円
ごひゃくじゅうえん

2

コーヒー /

アメリカーノ 450円 /
よんひゃくごじゅうえん

カフェモカ 530円
ごひゃくさんじゅうえん

3

アイスクリーム /

抹茶アイスクリーム 590円 /
まっちゃ　　　　　　　ごひゃくきゅうじゅうえん

マンゴーアイスクリーム 620円
ろっぴゃくにじゅうえん

4

ケーキ /

チョコレートケーキ 520円 /
ごひゃくにじゅうえん

チーズケーキ 480円
よんひゃくはちじゅうえん

 단어

ラーメン 라면 | しお 소금 | 味噌(みそ) 된장 | サンドイッチ 샌드위치 | ハム 햄 | エッグ 에그, 달걀 | コーヒー 커피 | アメ
リカーノ 아메리카노 | カフェモカ 카페모카 | アイスクリーム 아이스크림 | 抹茶(まっちゃ) 말차 | マンゴー 망고 | ケーキ 케이
크 | チョコレート 초콜릿 | チーズ 치즈

EXERCISE

다음 빈칸에 알맞은 말을 넣어 보세요.

① 스마트폰은 얼마입니까?

スマホは _____

② 전부 해서 얼마입니까?

全部 _____
ぜん ぶ

③ 사과는 세 개에 5,000원입니다.

りんごは _____

④ 토스트는 2,500원이고, 샌드위치는 3,000원입니다. (サンドイッチ)

トーストは _____

⑤ 커피와 치즈케이크 하나 주세요. (チーズケーキ)

コーヒー _____

🔍 단어 --

スマホ 스마트폰 ｜ 全部(ぜんぶ) 전부 ｜ りんご 사과 ｜ トースト 토스트 ｜ 〜と 〜와/과 ｜ ください 주세요

EXERCISE

한자 연습

全 완전할 전

음독 ぜん　훈독 全(まった)く 전혀 / 全(すべ)て 모두, 온통　ノ ヘ 스 스 수 全

| 全 | 全 | 全 | 全 | 全 | 全 |

部 거느릴 부

음독 ぶ　훈독 べ　'ᅳᅩ 立 产 咅 咅 咅 部部

| 部 | 部 | 部 | 部 | 部 | 部 |

ぜん ぶ
全部 전 부

| 全部 | 全部 | 全部 | 全部 | 全部 | 全部 |

ぜん こく
全国 전 국

| 全国 | 全国 | 全国 | 全国 | 全国 | 全国 |

ぶ いん
部員 부 원

| 部員 | 部員 | 部員 | 部員 | 部員 | 部員 |

외래어 연습

コーヒー 커피

| コーヒー | コーヒー | コーヒー | コーヒー |

ケーキ 케이크

| ケーキ | ケーキ | ケーキ | ケーキ |

サンドイッチ 샌드위치

| サンドイッチ | サンドイッチ | サンドイッチ | サンドイッチ |

FUN & TALK

백화점의 세일 기간입니다. 가격을 물어보면서 쇼핑해 보세요.

いくらですか。 얼마입니까?

Big バーゲンセール

ノートパソコン
노트북 1,234,000원

テレビ
텔레비전
496,000원

MP3 198,000원

デジカメ 디카 1,234,000원

スマートウォッチ
스마트 워치 350,000원

かばん 가방
98,000원

ネックレス
목걸이 55,000원

ワンピース
원피스 79,000원

ゆびわ
반지 200,000원

サングラス
선글라스 128,000원

ネクタイ
넥타이 34,000원

靴 구두
67,000원

お誕生日はいつですか。

生일은 언제예요?

表現 익히기 날짜와 요일

💬 Dialogue

🎧 MP3 05-1

ナ： 山田さん、お誕生日は いつですか。

山田： ぼくの 誕生日ですか。3月 17日です。

ナ： 3月 17日！

じゃ、来週の 月曜日じゃ ありませんか。

私と 同じ 3月生まれですね。

山田： え、ナさんの 誕生日は いつですか。

ナ： 3月 14日。

実は 明日が 私の 誕生日なんです。

山田： あ、そうですか。おめでとうございます。

나민아: 야마다 씨, 생일은 언제예요?

야마다: 제 생일은 3월 17일이에요.

나민아: 3월 17일!

그럼 다음주 월요일이잖아요.

저와 같은 3월생이네요.

야마다: 네? 민아 씨의 생일은 언제예요?

나민아: 3월 14일요.

실은 내일이 제 생일이에요.

야마다: 아, 그래요? 축하합니다.

 단어 --

お誕生日(たんじょうび) 생일 | いつ 언제 | ぼく 나(남자 1인칭) | 来週(らいしゅう) 다음 주 | ～と ~와/과 | 同(おな)じ 같은 | 生(う)まれ ~생, 태생, 출생 | 実(じつ)は 실은 | 明日(あした) 내일 | そうですか 그렇습니까? | おめでとうございます 축하합니다

GRAMMAR

① **いつですか** 언제입니까?

お誕生日は いつですか。

休みは いつですか。

② **〜じゃありませんか** 〜(이)지 않습니까?, 〜이/가 아니에요?

山田さんじゃありませんか。

日本語の 先生じゃありませんか。

③ **〜ですね** 〜이군요, 〜이네요

明日は 金さんの お誕生日ですね。

もう 春ですね。

④ **生まれ** 〜생, 태생, 출생

彼女は 96年生まれです。

ナさんは ソウル生まれです。

🔍 **단어** --

いつ 언제 | **お誕生日**(たんじょうび) 생일 | **休**(やす)**み** 휴일, 휴가, 방학 | **先生**(せんせい) 선생님 | **明日**(あした) 내일 | **もう** 벌써, 이미, 이제 | **春**(はる) 봄 | **生**(う)**まれ** 〜생, 태생, 출생 | **〜年**(ねん) 〜년 | **ソウル** 서울

何月 몇월

1月	2月	3月	4月	5月	6月
いちがつ	にがつ	さんがつ	しがつ	ごがつ	ろくがつ
7月	**8月**	**9月**	**10月**	**11月**	**12月**
しちがつ	はちがつ	くがつ	じゅうがつ	じゅういちがつ	じゅうにがつ

何日 몇일

日	月	火	水	木	金	土
1日 ついたち	2日 ふつか	3日 みっか	4日 よっか	5日 いつか	6日 むいか	7日 なのか
8日 ようか	9日 ここのか	10日 とおか	11日 じゅういちにち	12日 じゅうににち	13日 じゅうさんにち	14日 じゅうよっか
15日 じゅうごにち	16日 じゅうろくにち	17日 じゅうしちにち	18日 じゅうはちにち	19日 じゅうくにち	20日 はつか	21日 にじゅういちにち
22日 にじゅうににち	23日 にじゅうさんにち	24日 にじゅうよっか	25日 にじゅうごにち	26日 にじゅうろくにち	27日 にじゅうしちにち	28日 にじゅうはちにち
29日 にじゅうくにち	30日 さんじゅうにち	31日 さんじゅういちにち				

～曜日 ～요일

月曜日(げつようび) 월요일　　**火曜日**(かようび) 화요일　　**水曜日**(すいようび) 수요일

木曜日(もくようび) 목요일　　**金曜日**(きんようび) 금요일　　**土曜日**(どようび) 토요일

日曜日(にちようび) 일요일　　**何曜日**(なんようび) 무슨 요일

여러 가지 시간 표현

一昨日(おととい) 그저께　　**先々週**(せんせんしゅう) 지지난 주　　**先々月**(せんせんげつ) 지지난 달

昨日(きのう) 어제　　**先週**(せんしゅう) 지난주　　**先月**(せんげつ) 지난달

今日(きょう) 오늘　　**今週**(こんしゅう) 이번 주　　**今月**(こんげつ) 이번 달

明日(あした) 내일　　**来週**(らいしゅう) 다음 주　　**来月**(らいげつ) 다음 달

明後日(あさって) 모레　　**再来週**(さらいしゅう) 다음다음 주　　**再来月**(さらいげつ) 다음다음 달

Ⅰ 다음 보기와 같이 연습해 보세요.

🎧 MP3 05-2

| 보기 |

A: 4日は 何曜日ですか。

B: 日曜日です。

月	火	水	木	金	土	日
			①1	2	3	4
5	6	7	8	⑨9	10	11
12	13	⑭14	15	16	17	18
⑲19	20	21	22	23	㉔24	25
26	㉗27	28	29	30	31	

1　1日 / 木曜日

2　9日 / 金曜日

3　14日 / 水曜日

4　19日 / 月曜日

5　24日 / 土曜日

6　27日 / 火曜日

Ⅱ 다음 보기와 같이 연습해 보세요.

| 보기 |

A: <ruby>何月<rt>なんがつ</rt></ruby> <ruby>何日<rt>なんにち</rt></ruby>ですか。

B: にがつ じゅうよっかです。(2月 14日)

1
1월
10
いちがつ とおか
1月 10日

2
3월
3
さんがつ みっか
3月 3日

3
5월
8
ご がつ ようか
5月 8日

4
8월
15
は ちがつ じゅうごにち
8月 15日

5
12월
24
じゅうにがつ にじゅうよっか
12月 24日

🔍단어 -

何月何日(なんがつなんにち) 몇 월 며칠

EXERCISE

다음 빈칸에 알맞은 말을 넣어 보세요.

① 내일은 무슨 요일입니까? (何曜日)

明日(あした)は _____

② 다음 주 월요일은 며칠입니까? (何日)

来週(らいしゅう)の _____

③ 선생님의 생일은 언제입니까? (お誕生日/いつ)

先生(せんせい)の _____

④ 몇 월생입니까? (生まれ)

何月(なんがつ) _____

⑤ 오늘은 야마다 씨의 생일이 아닙니까? (~じゃありませんか)

今日(きょう)は _____

 단어 --

明日(あした) 내일 | 何曜日(なんようび) 무슨 요일 | 来週(らいしゅう) 다음 주 | 生(う)まれ 생, 태생 | 今日(きょう) 오늘 | ～じゃあ
りませんか ～이/가 아닙니까?

来
올 래

음독 らい	훈독 来(く)る 오다	一 ㄱ ㅁ 끄 平 来 来			
来	来	来	来	来	来

週
돌 주

음독 しゅう	훈독 めぐる 돌다	) 刀 月 門 円 用 周 周 `周 週			
週	週	週	週	週	週

らい しゅう
来週
다음 주

来週	来週	来週	来週	来週	来週

らい ねん
来年
내 년

来年	来年	来年	来年	来年	来年

しゅう かん
週間
주 간

週間	週間	週間	週間	週間	週間

외래어 연습

コンピューター 컴퓨터

コンピューター	コンピューター	コンピューター	コンピューター

ボールペン 볼펜

ボールペン	ボールペン	ボールペン	ボールペン

ソウル 서울

ソウル	ソウル	ソウル	ソウル

그림을 보고 마음에 드는 사람을 골라 생일과 태어난 곳을 물어보세요.

何月生まれですか。

佐藤
1979年 2月 27日
東京生まれ
うお座

鈴木
1985年 3月 24日
大阪 生まれ
おひつじ座

中村
1990年 5月 8日
京都生まれ
おうし座

吉田
1998年 7月 10日
名古屋生まれ
かに座

三木
2004年 9月 13日
神戸生まれ
おとめ座

高橋
2012年 10月 31日
広島生まれ
さそり座

양자리　おひつじ座
3/21 - 4/19

황소자리　おうし座
4/20 - 5/20

쌍둥이자리　ふたご座
5/21-6/21

게자리　かに座
6/22-7/22

사자자리　しし座
7/23-8/22

처녀자리　おとめ座
8/23-9/23

천칭자리　てんびん座
9/24-10/22

전갈자리　さそり座
10/23-11/22

사수자리　いて座
11/23-12/24

염소자리　やぎ座
12/25-1/19

물병자리　みずがめ座
1/20-2/18

물고기자리　うお座
2/19-3/20

日本語は易しくて面白いです。

일본어는 쉽고 재미있어요.

표현 익히기 い형용사의 정중형과 부정형

💬 Dialogue

🎧 MP3 06-1

山田（やまだ）: ナさん、日本語（にほんご）の　勉強（べんきょう）は　どうですか。

ナ: とても　面白（おもしろ）いですよ。

山田（やまだ）: そうですか。
難（むずか）しくありませんか。

ナ: いいえ、ぜんぜん　難（むずか）しくありません。
易（やさ）しくて　面白（おもしろ）いです。
韓国語（かんこくご）の　勉強（べんきょう）は　どうですか。

山田（やまだ）: 面白（おもしろ）いですが、発音（はつおん）が　難（むずか）しいです。

ナ: 実（じつ）は　私（わたし）も　漢字（かんじ）が　難（むずか）しくて、大変（たいへん）です。

야마다: 민아 씨, 일본어 공부는 어때요?

나민아: 매우 재미있어요.

야마다: 그래요? 어렵지 않아요?

나민아: 아니요, 전혀 어렵지 않아요.
쉽고 재미있어요.
한국어 공부는 어때요?

야마다: 재미있지만, 발음이 어려워요.

나민아: 실은 저도 한자가 어려워서 힘들어요.

🔍 **단어** -

勉強(べんきょう) 공부 ｜ **どうですか** 어떻습니까? ｜ **とても** 매우 ｜ **面白(おもしろ)い** 재미있다 ｜ **～ですよ** ~어요(강조) ｜ **難(むずか)しい** 어렵다 ｜ **ぜんぜん** 전혀 ｜ **易(やさ)しい** 쉽다 ｜ **韓国語(かんこくご)** 한국어 ｜ **発音(はつおん)** 발음 ｜ **～も** ~도 ｜ **漢字(かんじ)** 한자 ｜ **大変(たいへん)だ** 큰일이다, 힘들다

GRAMMAR

①

い형용사 : 기본형이 ～い로 끝나는 형용사

1. い형용사의 기본형 + ～です　～(ㅂ)니다 (정중형)

やまだ
山田さんの 会社は 大きいです。

にほんご
日本語の 勉強は 面白いです。

きょう
今日は 天気が いいです。

2. い형용사의 어간 + ～くないです / ～くありません

～(하)지 않습니다 (정중한 부정형)

わたし
私の 部屋は あまり 広くないです。(= 広くありません)

にほんご
日本語は 難しくないです。(= 難しくありません)

きょう
今日は 暑くないです。(= 暑くありません)

3. い형용사의 기본형 + 명사　～한 (수식형)

あつ
熱い コーヒー

つめ
冷たい ビール

から
辛い キムチ

 단어

会社(かいしゃ) 회사 │ **大**(おお)**きい** 크다 │ **勉強**(べんきょう) 공부 │ **面白**(おもしろ)**い** 재미있다 │ **今日**(きょう) 오늘 │ **天気**(てんき) 날씨 │ **いい** 좋다 │ **部屋**(へや) 방 │ **あまり** 그다지, 별로 │ **広**(ひろ)**い** 넓다 │ **難**(むずか)**しい** 어렵다 │ **暑**(あつ)**い** 덥다 │ **熱**(あつ)**い** 뜨겁다 │ **コーヒー** 커피 │ **冷**(つめ)**たい** 차갑다 │ **ビール** 맥주 │ **辛**(から)**い** 맵다 │ **キムチ** 김치

4. い형용사의 어간 + ～くて

❶ ～(하)고 (나열)

易しくて 面白い 日本語

大きくて 高い 車

❷ ～이어서 (이유 설명)

漢字が 難しくて、大変です。

駅が 近くて、いいです。

2　**～よ**　　　　　　뜻은 없이 어미 뒤에 붙어 강조

この ケーキは とても おいしいですよ。

今日は 本当に 寒いですよ。

日本語の 先生は とても 面白いですよ。

 단어 -

易(やさ)しい 쉽다 | 大(おお)きい 크다 | 高(たか)い 비싸다 | 車(くるま) 차 | 漢字(かんじ) 한자 | 大変(たいへん)だ 힘들다 | 駅(えき) 역 | 近(ちか)い 가깝다 | ケーキ 케이크 | とても 매우 | おいしい 맛있다 | 本当(ほんとう)に 정말, 매우 | 寒(さむ)い 춥다

LET'S TALK

Ⅰ 다음 보기와 같이 연습해 보세요.

🎧 MP3 06-2

> |보기|
>
> A: 会社は 家から 近いですか。
>
> B: いいえ、近くありません。遠いです。

1 A: この カメラは 大きいですか。

  B: ＿＿＿＿＿＿＿＿＿＿＿＿＿＿＿＿

小さい

2 A: 部屋は 広いですか。

  B: ＿＿＿＿＿＿＿＿＿＿＿＿＿＿＿＿

狭い

3 A: 夏は 寒いですか。

  B: ＿＿＿＿＿＿＿＿＿＿＿＿＿＿＿＿

暑い

4 A: キムチは 甘いですか。

  B: ＿＿＿＿＿＿＿＿＿＿＿＿＿＿＿＿

辛い

5 A: この 車は 新しいですか。

  B: ＿＿＿＿＿＿＿＿＿＿＿＿＿＿＿＿

古い

🔍 단어 --

家(いえ) 집 | 近(ちか)い 가깝다 | 遠(とお)い 멀다 | カメラ 카메라 | 大(おお)きい 크다 | 小(ちい)さい 작다 | 部屋(へや) 방 | 広(ひろ)い 넓다 | 狭(せま)い 좁다 | 夏(なつ) 여름 | 寒(さむ)い 춥다 | 暑(あつ)い 덥다 | キムチ 김치 | 甘(あま)い 달다 | 辛(から)い 맵다 | 車(くるま) 차 | 新(あたら)しい 새롭다 | 古(ふる)い 낡다, 오래되다

Ⅱ 다음 보기와 같이 연습해 보세요.

> |보기|
> A: どんな 車ですか。
> B: 大きくて 高い 車です。

1 A: どんな 先生ですか。

B: _____

優しい / 面白い

2 A: どんな かばんですか。

B: _____

小さい / かわいい

3 A: どんな コーヒーですか。

B: _____

熱い / おいしい

4 A: どんな 店ですか。

B: _____

新しい / 広い

5 A: どんな 天気ですか。

B: _____

暖かい / いい

🔍 단어 --

どんな 어떤 | 高(たか)い 비싸다 | 優(やさ)しい 상냥하다 | 小(ちい)さい 작다 | かわいい 귀엽다 | 熱(あつ)い 뜨겁다 | おいしい 맛있다 | 店(みせ) 가게 | 新(あたら)しい 새롭다 | 広(ひろ)い 넓다 | 天気(てんき) 날씨 | 暖(あたた)かい 따뜻하다 | いい 좋다

EXERCISE

다음 빈칸에 알맞은 말을 넣어 보세요.

① 일본어는 쉽고 재미있습니다. (易しい / 面白い)

日本語は _____

② 차가운 맥주 주세요. (ビール)

冷たい _____

③ 이 휴대전화는 작고 가볍습니다. (小さい / 軽い)

この ケータイ _____

④ 이 가게의 라면은 싸고 맛있습니다. (ラーメン / 安い / おいしい)

この 店 _____

⑤ 이것은 달고 맛있는 케이크입니다. (甘い / ケーキ)

これは _____

🔍 **단어** --

易(やさ)しい 쉽다 │ 面白(おもしろ)い 재미있다 │ 冷(つめ)たい 차갑다 │ ビール 맥주 │ ケータイ 휴대전화 │ 小(ちい)さい 작다 │ 軽(かる)い 가볍다 │ 店(みせ) 가게 │ ラーメン 라면 │ 安(やす)い 싸다 │ おいしい 맛있다 │ 甘(あま)い 달다 │ ケーキ 케이크

大
큰 대

음독 だい　훈독 大(おお)きい 크다　一 ナ 大

| 大 | 大 | 大 | 大 | 大 | 大 |

小
작을 소

음독 しょう　훈독 小(ちい)さい 작다　亅 小 小

| 小 | 小 | 小 | 小 | 小 | 小 |

だい　がく
大学
대　　학

| 大学 | 大学 | 大学 | 大学 | 大学 | 大学 |

しょう がっ こう
小学校
초등학교

| 小学校 | 小学校 | 小学校 | 小学校 | 小学校 | 小学校 |

외래어 연습

ビール 맥주

| ビール | ビール | ビール | ビール |

ラーメン 라면

| ラーメン | ラーメン | ラーメン | ラーメン |

キムチ 김치

| キムチ | キムチ | キムチ | キムチ |

FUN & TALK

 다음은 여러 가지 い형용사입니다. 그림을 보면서 서로 얘기해 보세요.

_{おお}
大きい
크다

_{ちい}
小さい
작다

_{あたら}
新しい
새롭다

_{ふる}
古い
오래되다

_{ひろ}
広い
넓다

_{せま}
狭い
좁다

おもしろい
재미있다

つまらない
재미없다

_{とお}
遠い
멀다

_{ちか}
近い
가깝다

_{あたた}
暖かい
따뜻하다

_{すず}
涼しい
시원하다

暑<ruby>あつ</ruby>い
덥다

寒<ruby>さむ</ruby>い
춥다

高<ruby>たか</ruby>い
높다

低<ruby>ひく</ruby>い
낮다

高<ruby>たか</ruby>い
비싸다

安<ruby>やす</ruby>い
싸다

長<ruby>なが</ruby>い
길다

短<ruby>みじか</ruby>い
짧다

熱<ruby>あつ</ruby>い
뜨겁다

冷<ruby>つめ</ruby>たい
차갑다

軽<ruby>かる</ruby>い
가볍다

重<ruby>おも</ruby>い
무겁다

いい
좋다

悪<ruby>わる</ruby>い
나쁘다

難<ruby>むずか</ruby>しい
어렵다

易<ruby>やさ</ruby>しい
쉽다

すてきな都市です。

멋진 도시입니다.

표현 익히기　な형용사의 정중형과 부정형

💬 Dialogue

山田：姜さんは ソウル生まれですか。

姜：いいえ、 プサン生まれです。

山田：プサンですか。プサンは どんな 都市ですか。

姜：プサンは 韓国 最大の 港町です。

きれいな 海と おいしい 食べ物が いっぱいの

すてきな 都市ですよ。

山田：そうですか。どんな 食べ物が 有名ですか。

姜：プサンの 代表的な 食べ物には

ミルミョン、テジクッパ などが あります。

山田：じゃ、今度 プサンへ……。

姜：いいですよ! ぜひ 一度 プサンへ。

야마다 : 한척 씨는 서울 출생이세요?
강한척 : 아니요, 부산 출생입니다.
야마다 : 부산이에요? 부산은 어떤 도시입니까?
강한척 : 부산은 한국 최대의 항구 도시입니다.
　　　　예쁜 바다와 맛있는 음식이 가득한 멋진 도시이지요.

야마다 : 그래요? 어떤 음식이 유명한가요?
강한척 : 부산의 대표적인 음식에는 밀면, 돼지국밥 등이 있습니다.
야마다 : 그럼, 다음에 부산으로……
강한척 : 좋아요! 부디 꼭 한번 부산에 오세요.

🔍 단어

ソウル 서울 | **生**(う)**まれ** 출생, 태생 | **プサン** 부산 | **どんな** 어떤 | **都市**(とし) 도시 | **韓国**(かんこく) 한국 | **最大**(さいだい) 최대 |
港町(みなとまち) 항구 도시 | **きれいだ** 예쁘다, 깨끗하다 | **海**(うみ) 바다 | **～と** ~와/과 | **おいしい** 맛있다 | **食**(た)**べ物**(もの) 음식 |
いっぱい 가득 | **すてきだ** 멋지다, 훌륭하다 | **有名**(ゆうめい)**だ** 유명하다 | **代表的**(だいひょうてき)**だ** 대표적이다 | **ミルミョン** 밀면
| **テジクッパ** 돼지국밥 | **～など** ~등 | **今度**(こんど) 이번에, 다음에 | **～へ** ~으로, ~에(방향) | **ぜひ** 부디, 꼭 | **一度**(いちど) 한번

GRAMMAR

1
な형용사(형용동사) : 기본형이 ~だ로 끝나는 형용사

1. な형용사의 어간 + ~です　　~(ㅂ)니다 (정중형)

この 町は 有名です。

先生は 親切です。

事務室は 静かです。

2. な형용사의 어간 + ~では[じゃ]ありません / ~では[じゃ]ないです

~(하)지 않습니다 (정중한 부정형)

金さんの 会社は あまり 有名では[じゃ]ありません。

彼女は 親切では[じゃ]ありません。

教室は 静かでは[じゃ]ありません。

3. な형용사의 어간 + な + 명사　　~한 (수식형)

元気な 子供

有名な 会社

賑やかな 町

 단어 --

町(まち) 마을 | 有名(ゆうめい)だ 유명하다 | 親切(しんせつ)だ 친절하다 | 事務室(じむしつ) 사무실 | 静(しず)かだ 조용하다 | 会社(かいしゃ) 회사 | 彼女(かのじょ) 그녀 | 教室(きょうしつ) 교실 | 元気(げんき)だ 건강하다 | 子供(こども) 아이 | 賑(にぎ)やかだ 번화하다

88

4. な형용사의 어간 + ～で

❶ ～(하)고 (나열)

静かで きれいな 公園

賑やかで 有名な 町

❷ ～이어서 (이유 설명)

この 漢字は 簡単で、 いいです。

この 車は 丈夫で、 安心です。

❷ ～から

～때문에, ～(하)니까 (이유 설명)

あの 店が どうして いいですか。

→ 交通が 便利ですから。

→ 店員が 親切ですから。

→ 料理が 安くて おいしいですから。

외래어와 관련된 な형용사

ハンサムだ 잘생기다	スリムだ 날씬하다
ファッショナブルだ 패셔너블하다	リッチだ 부유하다
クールだ 쿨하다	スマートだ 스마트하다

🔍 **단어** --

きれいだ 예쁘다, 깨끗하다 | 公園(こうえん) 공원 | 漢字(かんじ) 한자 | 簡単(かんたん)だ 간단하다 | いい 좋다 | 車(くるま) 차 | 丈夫 (じょうぶ)だ 튼튼하다 | 安心(あんしん)だ 안심이다 | 店(みせ) 가게 | 交通(こうつう) 교통 | 便利(べんり)だ 편리하다 | 店員(てんいん) 점원 | 料理(りょうり) 요리 | 安(やす)い 싸다 | おいしい 맛있다

LET'S TALK

あの…

Ⅰ 다음 보기와 같이 연습해 보세요.

🎧 MP3 07-2

| 보기 |

A: 地下鉄(ちかてつ)は 便利(べんり)ですか。

B: はい、便利(べんり)です。

いいえ、便利(べんり)ではありません。

1

中村(なかむら)さん / ハンサムだ /
はい

2

金(キム)さん / 親切(しんせつ)だ /
はい

3

ダンス / 上手(じょうず)だ /
はい

4

この 車(くるま) / きれいだ /
いいえ

5

町(まち) / 静(しず)かだ /
いいえ

🔍 단어 --

地下鉄(ちかてつ) 지하철 ┃ 便利(べんり)だ 편리하다 ┃ ハンサムだ 잘생기다 ┃ 親切(しんせつ)だ 친절하다 ┃ ダンス 춤, 댄스 ┃ 上手(じょうず)だ 잘하다, 능숙하다 ┃ 車(くるま) 차 ┃ きれいだ 깨끗하다 ┃ 町(まち) 마을 ┃ 静(しず)かだ 조용하다

Ⅱ 다음 보기와 같이 연습해 보세요.

|보기|

A: どんな 町^{まち}ですか。

B: 賑^{にぎ}やかで 有名^{ゆうめい}な 町^{まち}です。

1

人^{ひと}

ハンサムだ / リッチだ

2

学生^{がくせい}

元気^{げんき}だ / 真面目^{まじめ}だ

3

車^{くるま}

丈夫^{じょうぶ}だ / 便利^{べんり}だ

4

仕事^{しごと}

簡単^{かんたん}だ / 楽^{らく}だ

5

先生^{せんせい}

親切^{しんせつ}だ / すてきだ

🔍 **단어** -

どんな 어떤 | **賑(にぎ)やかだ** 번화하다 | **有名(ゆうめい)だ** 유명하다 | **リッチだ** 부유하다 | **元気(げんき)だ** 건강하다, 활달하다 | **真面目(まじめ)だ** 성실하다 | **丈夫(じょうぶ)だ** 튼튼하다 | **便利(べんり)だ** 편리하다 | **仕事(しごと)** 일 | **簡単(かんたん)だ** 간단하다 | **楽(らく)だ** 편하다 | **すてきだ** 멋지다, 훌륭하다

EXERCISE

다음 빈칸에 알맞은 말을 넣어 보세요.

① 교통은 편리합니까? (便利だ)

　　こうつう
　　交通は _____

② 교실은 조용하지 않습니다. (静かだ)

　　きょうしつ
　　教室は _____

③ 야마다 씨는 성실한 사람입니다. (真面目だ / 人)

　　やま だ
　　山田さんは _____

④ 이 마을은 번화하고 유명합니다. (賑やかだ / 有名だ)

　　　　　まち
　　この 町は _____

⑤ 튼튼하고 멋진 차입니다. (すてきだ / 車)

　　じょう ぶ
　　丈夫で _____

🔍 **단어** --

交通(こうつう) 교통 ｜ 便利(べんり)だ 편리하다 ｜ 教室(きょうしつ) 교실 ｜ 静(しず)かだ 조용하다 ｜ 真面目(まじめ)だ 성실하다 ｜ 人(ひと)
사람 ｜ 賑(にぎ)やかだ 번화하다 ｜ 有名(ゆうめい)だ 유명하다 ｜ 丈夫(じょうぶ)だ 튼튼하다 ｜ すてきだ 멋지다, 훌륭하다 ｜ 車(くるま) 차

親 친할 친
음독 しん 　훈독 親(おや) 부모 / 親(した)しい 친하다　一 亠 立 辛 辛 亲 新 親 親 親

| 親 | 親 | 親 | 親 | 親 | 親 |

切 자를 절
음독 せつ 절 　훈독 切(き)る 자르다　一 七 切 切

| 切 | 切 | 切 | 切 | 切 | 切 |

しん せつ
親切 친 절

| 親切 | 親切 | 親切 | 親切 | 親切 | 親切 |

りょう しん
両親 양 친

| 両親 | 両親 | 両親 | 両親 | 両親 | 両親 |

たい せつ
大切 중요함

| 大切 | 大切 | 大切 | 大切 | 大切 | 大切 |

외래어 연습

ハンサム **잘생김**

| ハンサム | ハンサム | ハンサム | ハンサム |

スマート **스마트**

| スマート | スマート | スマート | スマート |

リッチ **부유함**

| リッチ | リッチ | リッチ | リッチ |

FUN & TALK

다음 な형용사를 이용하여 다양한 표현을 말해 보세요.

예 彼は ハンサムですか。

かれ

静かだ
しず
조용하다

賑やかだ
にぎ
번화하다, 번잡하다

便利だ
べん り
편리하다

不便だ
ふ べん
불편하다

親切だ
しんせつ
친절하다

不親切だ
ふ しんせつ
불친절하다

ハンサムだ
핸섬하다

きれいだ
예쁘다, 깨끗하다

真面目だ
ま じ め
성실하다

不真面目だ
ふ ま じ め
불성실하다

貧乏だ
びんぼう
가난하다

リッチだ
부유하다

あんしん
安心だ
안심하다

しんぱい
心配だ
걱정하다

あんぜん
安全だ
안전하다

き けん
危険だ
위험하다

す
好きだ
좋아하다

きら
嫌いだ
싫어하다

じょう ず
上手だ
잘하다

へ た
下手だ
못하다

げん き
元気だ
건강하다

じょう ぶ
丈夫だ
튼튼하다

だいじょう ぶ
大丈夫だ
괜찮다

りっ ぱ
立派だ
훌륭하다

ゆうめい
有名だ
유명하다

おな
同じだ
같다

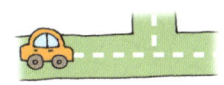

かんたん
簡単だ
간단하다

ふくざつ
複雑だ
복잡하다

どんな音楽が好きですか。

어떤 음악을 좋아하세요?

💬 Dialogue

🎧 MP3 08-1

山田（やまだ）: ナさんは　どんな　音楽（おんがく）が　好（す）きですか。

ナ: 私（わたし）は　静（しず）かな　音楽（おんがく）が　好（す）きです。

山田（やまだ）: じゃ、バラードと　クラシックと　どちらが　好（す）きですか。

ナ: クラシックの　ほうが　好（す）きです。

山田（やまだ）さんは?

山田（やまだ）: 韓国（かんこく）の　トロットが　大好（だいす）きです。

いつか　カラオケで　私（わたし）の　十八番（じゅうはちばん）を…。

ナ: すみません。私（わたし）、カラオケは　ちょっと…。

야마다: 민아 씨는 어떤 음악을 좋아하세요?

나민아: 저는 조용한 음악을 좋아해요.

야마다: 그럼, 발라드나 클래식 중 어느 것이 좋아요?

나민아: 클래식 쪽이 좋아요.
　　　　야마다 씨는요?

야마다: 한국의 트로트를 매우 좋아합니다.
　　　　언젠가 노래방에서 제 18번을…….

나민아: 죄송해요. 전 노래방은 좀…….

 단어

どんな 어떤 | 音楽（おんがく）음악 | 〜が 〜이/가 | 好（す）きだ 좋아하다 | 静（しず）かだ 조용하다 | じゃ 그럼 | バラード 발라드 | 〜と 〜와/과 | クラシック 클래식 | どちら 어느 쪽 | 〜ほう 〜쪽 | トロット 트로트 | 大好（だいす）きだ 매우 좋아하다 | いつか 언젠가 | カラオケ 노래방 | 〜で 〜에서 | 十八番（じゅうはちばん）18번(특기곡) | 〜を 〜을/를 | すみません 죄송해요 | ちょっと 좀

GRAMMAR

1 ～が 好<small>す</small>きです　　　　　～을/를 좋아합니다

音楽<small>おんがく</small>が 好<small>す</small>きです。

料理<small>りょうり</small>が 上手<small>じょうず</small>です。

スポーツが 下手<small>へた</small>です。

2 どんな ～が 好<small>す</small>きですか　　어떤 ～을/를 좋아하세요?

どんな 音楽<small>おんがく</small>が 好<small>す</small>きですか。

どんな 料理<small>りょうり</small>が 上手<small>じょうず</small>ですか。

どんな スポーツが 好<small>す</small>きですか。

3 비교 구문

1. Aと Bと どちらが ～ですか　　A와 B (둘 중에서) 어느 쪽을 (더) ～하세요?

海<small>うみ</small>と 山<small>やま</small>と どちらが 好<small>す</small>きですか。

東京<small>とうきょう</small>と ソウルと どちらが 寒<small>さむ</small>いですか。

2. Aより Bのほうが ～です　　A보다 B쪽을 (더) ～해요

山<small>やま</small>より 海<small>うみ</small>のほうが 好<small>す</small>きです。

東京<small>とうきょう</small>より ソウルのほうが 寒<small>さむ</small>いです。

🔍 **단어** --

音楽(おんがく) 음악 | 好(す)きだ 좋아하다 | 料理(りょうり) 요리 | 上手(じょうず)だ 잘하다, 능숙하다 | スポーツ 스포츠 | 下手(へた)だ 서투르다, 잘 못하다 | 海(うみ) 바다 | 山(やま) 산 | 東京(とうきょう) 도쿄 | ソウル 서울 | 寒(さむ)い 춥다 | ～より ～보다

4 최상급 구문

1. 一番[いちばん]   가장, 제일

一番[いちばん] 有名[ゆうめい]です。

一番[いちばん] 好[す]きです。

一番[いちばん] 上手[じょうず]です。

2. ～の 中[なか]で   ～(의) 중에서

ソウルの 町[まち]の 中[なか]で 一番[いちばん] 有名[ゆうめい]です。

季節[きせつ]の 中[なか]で 秋[あき]が 一番[いちばん] 好[す]きです。

外国語[がいこくご]の 中[なか]で 日本語[にほんご]が 一番[いちばん] 上手[じょうず]です。

3. 何[なに] / いつ / だれ / どこ / どれ   무엇 / 언제 / 누구 / 어디 / 어느 것

料理[りょうり]の 中[なか]で 何[なに]が 一番[いちばん] 好[す]きですか。

季節[きせつ]の 中[なか]で いつが 一番[いちばん] 好[す]きですか。

歌手[かしゅ]の 中[なか]で だれが 一番[いちばん] 好[す]きですか。

町[まち]の 中[なか]で どこが 一番[いちばん] 賑[にぎ]やかですか。

りんごと みかんと なしの 中[なか]で どれが 一番[いちばん] 好[す]きですか。

🔍**단어** --

一番(いちばん) 가장 | 町(まち) 마을, 거리(= 街[まち]) | ～の中(なか)で ～ 중에서 | 季節(きせつ) 계절 | 秋(あき) 가을 | 外国語(がいこくご)
외국어 | 歌手(かしゅ) 가수 | 賑(にぎ)やかだ 번화하다 | りんご 사과 | みかん 귤 | なし 배

LET'S TALK

Ⅰ 다음 보기와 같이 연습해 보세요.

🎧 MP3 08-2

> |보기|
>
> A: 犬と 猫と どちらが 好きですか。
>
> B: 犬のほうが 好きです。

1 A: 日本語と 英語と どちらが 上手ですか。

  B: 日本語_____。

2 A: バスと 地下鉄と どちらが 便利ですか。

  B: 地下鉄_____。

3 A: お金と 健康と どちらが 大切ですか。

  B: 健康_____。

4 A: 恋人と 友達と どちらが いいですか。

  B: 恋人_____。

5 A: 家族と 仕事と どちらが 重要ですか。

  B: 家族_____。

🔍 단어 --

犬(いぬ) 개 ┃ 猫(ねこ) 고양이 ┃ 日本語(にほんご) 일본어 ┃ 英語(えいご) 영어 ┃ 上手(じょうず)だ 잘하다 ┃ バス 버스 ┃ 地下鉄(ちかてつ) 지하철 ┃ 便利(べんり)だ 편리하다 ┃ お金(かね) 돈 ┃ 健康(けんこう) 건강 ┃ 大切(たいせつ)だ 소중하다 ┃ 恋人(こいびと) 애인 ┃ 友達(ともだち) 친구 ┃ いい 좋다 ┃ 家族(かぞく) 가족 ┃ 仕事(しごと) 일 ┃ 重要(じゅうよう)だ 중요하다

Ⅱ 다음 보기와 같이 연습해 보세요.

> |보기|
>
> A: スポーツの 中^{なか}で 何^{なに}が 一番^{いちばん} 好^すきですか。
>
> B: 野球^{やきゅう}が 一番^{いちばん} 好^すきです。

1 A: 果物^{くだもの}の 中^{なか}で 何^{なに}が 一番^{いちばん} 好^すきですか。

  B: _____

2 A: 歌手^{かしゅ}の 中^{なか}で だれが 一番^{いちばん} 好^すきですか。

  B: _____

3 A: 四季^{しき}の 中^{なか}で いつが 一番^{いちばん} 好^すきですか。

  B: _____

4 A: 韓国^{かんこく}の 山^{やま}の 中^{なか}で どこが 一番^{いちばん} 好^すきですか。

  B: _____

5 A: コーヒーと 紅茶^{こうちゃ}と コーラの 中^{なか}で どれが 一番^{いちばん} 好^すきですか。

  B: _____

🔍 **단어** -

スポーツ 스포츠 | **野球**(やきゅう) 야구 | **果物**(くだもの) 과일 | **歌手**(かしゅ) 가수 | **四季**(しき) 사계절 | **韓国**(かんこく) 한국 | **山** (やま) 산 | **コーヒー** 커피 | **紅茶**(こうちゃ) 홍차 | **コーラ** 콜라

다음 빈칸에 알맞은 말을 넣어 보세요.

① 어떤 사람을 좋아합니까?

どんな _____

② 서울하고 도쿄 어느 쪽이 큽니까? (東京_{とうきょう})

ソウルと _____

③ 영어보다 일본어 쪽을 잘합니다.

英語_{えいご}より _____

④ 계절 중에서 봄을 가장 좋아합니다. (春_{はる})

季節_{きせつ} _____

⑤ 스포츠 중에서 축구를 가장 좋아합니다. (サッカー)

スポーツ _____

 단어 --

人(ひと) 사람 | **ソウル** 서울 | **東京**(とうきょう) 도쿄 | **英語**(えいご) 영어 | **季節**(きせつ) 계절 | **春**(はる) 봄 | **スポーツ** 스포츠 | **サッカー** 축구

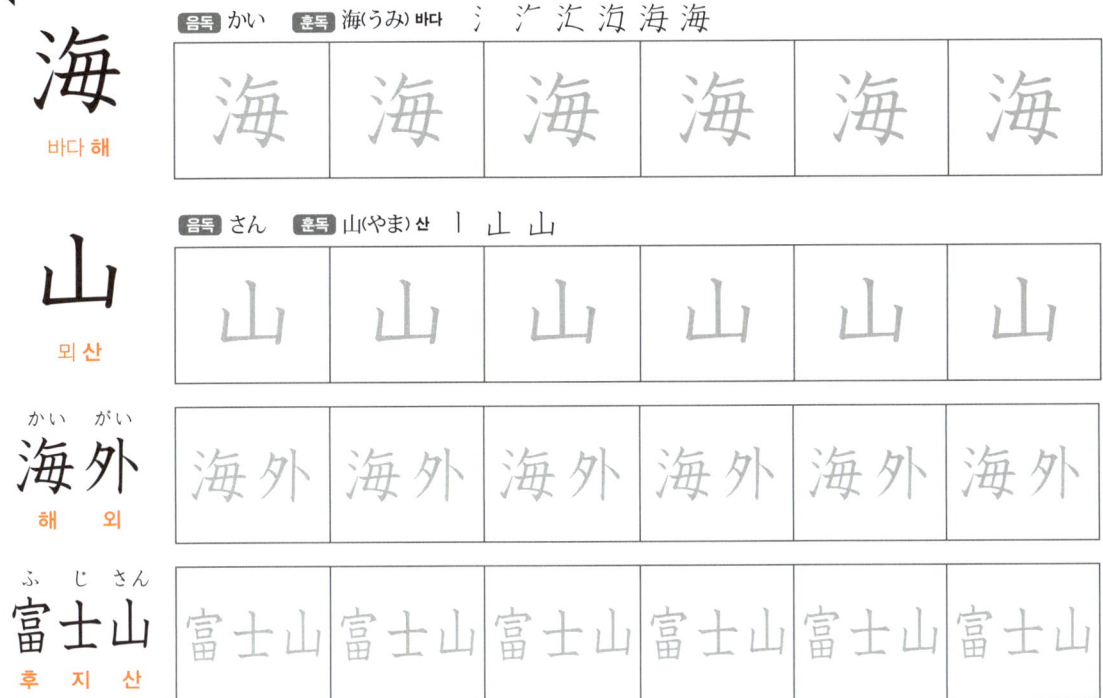

한자 연습

海 바다 해
음독 かい 훈독 海(うみ) 바다 シ 汇 泙 海 海 海

| 海 | 海 | 海 | 海 | 海 | 海 |

山 뫼 산
음독 さん 훈독 山(やま) 산 丨 山 山

| 山 | 山 | 山 | 山 | 山 | 山 |

海外 해 외
かい がい

| 海外 | 海外 | 海外 | 海外 | 海外 | 海外 |

富士山 후 지 산
ふ じ さん

| 富士山 | 富士山 | 富士山 | 富士山 | 富士山 | 富士山 |

외래어 연습

スポーツ 스포츠

| スポーツ | スポーツ | スポーツ | スポーツ |

バス 버스

| バス | バス | バス | バス |

コーラ 콜라

| コーラ | コーラ | コーラ | コーラ |

FUN & TALK

다음 な 형용사를 이용하여 다양한 표현을 말해 보세요.

^예 何が 好きですか。

どちらが 好きですか。

何が 一番 好きですか。

飲み物 / 果物　음료와 과일

コーヒー 커피

ジュース 주스

コーラ 콜라

紅茶 홍차

緑茶 녹차

ミルク 우유

ワイン 와인

ビール 맥주

みかん 귤

りんご 사과

なし 배

かき 감

もも 복숭아　ぶどう 포도

いちご 딸기

すいか 수박

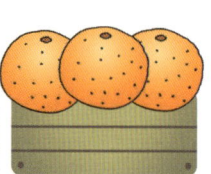
オレンジ 오렌지

季節/スポーツ　計절과 스포츠

春
봄

夏
여름

秋
가을

冬
겨울

サッカー
축구

野球
야구

水泳
수영

バスケット(ボール)
농구

テニス
테니스

スノーボード
스노보드

ボクシング
복싱

インラインスケート
인라인스케이트

バドミントン
배드민턴

スキー
스키

アイススケート
아이스 스케이트

ゴルフ
골프

クラスに<ruby>学生<rt>がく せい</rt></ruby>は<ruby>何人<rt>なん にん</rt></ruby>いますか。

반에 학생은 몇 명 있어요?

표현 익히기 생물과 무생물의 존재 표현 / 위치와 장소 표현

💬 Dialogue

田中(たなか)： 姜(カン)さんの 日本語(にほんご) 学校(がっこう)は どこに ありますか。

姜(カン)： 江南駅(カンナムえき)に あります。

7番出口(ばんでぐち)の 近(ちか)くです。

とても 賑(にぎ)やかな 所(ところ)に あります。

田中(たなか)： そうですか。交通(こうつう)が 便利(べんり)で、いいですね。

クラスに 学生(がくせい)は 何人(なんにん) いますか。

姜(カン)： 5人(ごにん) います。

田中(たなか)： クラスに 親(した)しい 友達(ともだち)も いますか。

姜(カン)： いいえ、親(した)しい 友達(ともだち)は いません。

でも、みんな 熱心(ねっしん)で、楽(たの)しいです。

田中(たなか)： そうですか。それは よかったですね。

다나카: 한척 씨의 일본어 학원은 어디에 있어요?	강한척: 5명 있습니다.
강한척: 강남역에 있어요. 7번 출구 근처예요. 매우 번화한 곳에 있지요.	다나카: 반에 친한 친구도 있나요?
	강한척: 아니요. 친구는 없어요. 하지만 모두 열심이어서 즐겁습니다.
다나카: 그래요? 교통이 편리해서 좋겠네요. 반에 학생은 몇 명 있어요?	다나카: 그래요? 그건 참 다행이네요.

🔍 **단어** -

日本語学校(にほんごがっこう) 일본어 학원 ┃ **どこに** 어디에 ┃ **ありますか** 있습니까(무생물) ┃ **駅**(えき) 역 ┃ **〜に** ~에 ┃ **近**(ちか)**く** 근처, 가까이 ┃ **出口**(でぐち) 출구 ┃ **とても** 매우 ┃ **賑**(にぎ)**やかな** 번화한 ┃ **所**(ところ) 곳 ┃ **交通**(こうつう) 교통 ┃ **便利**(べんり)**で** 편리해서 ┃ **いいですね** 좋겠네요 ┃ **クラス** 반 ┃ **学生**(がくせい) 학생 ┃ **何人**(なんにん) 몇 명 ┃ **いますか** 있습니까(생물) ┃ **親**(した)**しい** 친하다 ┃ **友達**(ともだち) 친구 ┃ **〜も** ~도 ┃ **いません** 없습니다(생물) ┃ **でも** 하지만 ┃ **みんな** 모두 ┃ **熱心**(ねっしん)**で** 열심이어서 ┃ **楽**(たの)**しい** 즐겁다 ┃ **よかった** 다행이다

GRAMMAR

1

あります/ありません　　있습니다 / 없습니다 (무생물, 식물)

<ruby>机<rt>つくえ</rt></ruby>と いすが あります。

<ruby>木<rt>き</rt></ruby>や <ruby>花<rt>はな</rt></ruby>が あります。

<ruby>現金<rt>げんきん</rt></ruby>は ありません。

2

います/いません　　있습니다 / 없습니다 (생물 : 사람, 동물)

<ruby>先生<rt>せんせい</rt></ruby>が います。

<ruby>犬<rt>いぬ</rt></ruby>が います。

<ruby>恋人<rt>こいびと</rt></ruby>は いません。

3

～にあります/います　　～에 있습니다

<ruby>会社<rt>かいしゃ</rt></ruby>は <ruby>駅<rt>えき</rt></ruby>の そばに あります。

<ruby>本<rt>ほん</rt></ruby>は <ruby>机<rt>つくえ</rt></ruby>の <ruby>上<rt>うえ</rt></ruby>に あります。

<ruby>先生<rt>せんせい</rt></ruby>は <ruby>教室<rt>きょうしつ</rt></ruby>の <ruby>中<rt>なか</rt></ruby>に います。

<ruby>猫<rt>ねこ</rt></ruby>は テーブルの <ruby>下<rt>した</rt></ruby>に います。

단어

机(つくえ) 책상 ｜ **～と** ～와/과 ｜ **いす** 의자 ｜ **木**(き) 나무 ｜ **～や** ～랑 ｜ **花**(はな) 꽃 ｜ **現金**(げんきん) 현금 ｜ **先生**(せんせい) 선생님 ｜ **犬**(いぬ) 개 ｜ **恋人**(こいびと) 애인 ｜ **会社**(かいしゃ) 회사 ｜ **駅**(えき) 역 ｜ **そば** 옆 ｜ **本**(ほん) 책 ｜ **上**(うえ) 위 ｜ **教室**(きょうしつ) 교실 ｜ **中**(なか) 안, 속 ｜ **猫**(ねこ) 고양이 ｜ **テーブル** 테이블 ｜ **下**(した) 아래

108

どこにありますか / どこにいますか　어디에 있습니까?

<ruby>会社<rt>かいしゃ</rt></ruby>は どこに ありますか。

<ruby>本<rt>ほん</rt></ruby>は どこに ありますか。

<ruby>先生<rt>せんせい</rt></ruby>は どこに いますか。

<ruby>猫<rt>ねこ</rt></ruby>は どこに いますか。

위치를 나타내는 말

上 위　　下 아래　　　　　　　　　　右 오른쪽　　左 왼쪽

中 안　　外 밖　　　　　　　　　　前 앞　　後ろ 뒤

隣 이웃　　そば 옆　　　　　　　　向かい 맞은편　　回り 주위

LET'S TALK

Ⅰ 다음 보기와 같이 연습해 보세요.

| 보기 |

A: ボールペンは どこに ありますか。

B: ボールペンは ノートの 横に あります。

1

本 / 机の 上

2

財布 / かばんの 中

3

雑誌 / ソファーの 下

4

山田さん / 田中さんの 隣

5

猫 / 姜さんの 前

🔍 **단어** --

ボールペン 볼펜 | **ノート** 노트 | **横**(よこ) 옆 | **本**(ほん) 책 | **机**(つくえ) 책상 | **上**(うえ) 위 | **財布**(さいふ) 지갑 | **かばん** 가방 |
中(なか) 안 | **雑誌**(ざっし) 잡지 | **ソファー** 소파 | **下**(した) 밑, 아래 | **隣**(となり) 옆, 이웃 | **猫**(ねこ) 고양이 | **前**(まえ) 앞

110

Ⅱ 다음 보기와 같이 연습해 보세요.

> | 보기 |
>
> A: 会社は どこに ありますか。
>
> B: 会社は 駅の 近くに あります。

1 銀行 / 会社の 隣

2 デパート / 郵便局の 前

3 コンビニ / 郵便局の 近く

4 郵便局 / デパートの 後ろ

5 本屋 / 銀行の 向かい

🔍 **단어** --

会社(かいしゃ) 회사 ｜ **駅**(えき) 역 ｜ **近**(ちか)**く** 근처 ｜ **銀行**(ぎんこう) 은행 ｜ **隣**(となり) 옆 ｜ **デパート** 백화점 ｜ **郵便局**(ゆうびんきょく) 우체국 ｜ **前**(まえ) 앞 ｜ **コンビニ** 편의점 ｜ **後**(うし)**ろ** 뒤 ｜ **本屋**(ほんや) 서점 ｜ **向**(む)**かい** 맞은편

Ⅲ 다음 보기와 같이 연습해 보세요.

| 보기 |

A: 学生は 何人 いますか。
がくせい　なんにん

B: 学生は 八人 います。
がくせい　はちにん

1

女の子 / 三人
おんな　こ　さんにん

2

男の子 / 五人
おとこ　こ　ごにん

3

日本人 / 二人
に　ほんじん　ふたり

4

子供 / 一人も いない
こ　ども　ひとり

🔍 단어 --

女(おんな)の子(こ) 여자아이 ｜ 男(おとこ)の子(こ) 남자아이 ｜ 子供(こども) 아이 ｜ 一人(ひとり)も 한 사람도 ｜ いない 없다

EXERCISE

다음 빈칸에 알맞은 말을 넣어 보세요.

1 가방은 책상 위에 있습니다. (机/上)

かばんは _____

2 은행은 회사 앞에 있습니다. (前)

銀行は _____

3 일본인 친구가 있습니다. (友達)

日本人 _____

4 집에 귀여운 강아지가 있습니다. (かわいい/子犬)

家に _____

5 오늘은 일이 없습니다. (仕事)

今日は _____

6 방에 고양이는 없습니다. (猫)

部屋に _____

🔍**단어** --

かばん 가방 | **机**(つくえ) 책상 | **上**(うえ) 위 | **銀行**(ぎんこう) 은행 | **前**(まえ) 앞 | **友達**(ともだち) 친구 | **家**(いえ) 집 | **かわいい**
귀엽다 | **子犬**(こいぬ) 강아지 | **今日**(きょう) 오늘 | **仕事**(しごと) 일 | **部屋**(へや) 방 | **猫**(ねこ) 고양이

한자 연습

銀
은 은

음독 ぎん 훈독 しろがね は / ノ ^ ^ ^ 牟 牟 金 金「金키 鈤 銀

| 銀 | 銀 | 銀 | 銀 | 銀 | 銀 |

行
다닐 행

음독 こう 훈독 行(おこな)う 행하다 / 行(い)く 가다 / ノ ^ 彳 彳 行 行

| 行 | 行 | 行 | 行 | 行 | 行 |

銀行
ぎん こう
은 행

| 銀行 | 銀行 | 銀行 | 銀行 | 銀行 | 銀行 |

行動
こう どう
행 동

| 行動 | 行動 | 行動 | 行動 | 行動 | 行動 |

외래어 연습

テーブル 테이블

| テーブル | テーブル | テーブル | テーブル |

ソファー 소파

| ソファー | ソファー | ソファー | ソファー |

コンビニ 편의점

| コンビニ | コンビニ | コンビニ | コンビニ |

FUN & TALK

다음 그림을 보면서 무엇이 어디에 있는지 얘기해 보세요.

〜は どこに ありますか。
〜は どこに いますか。

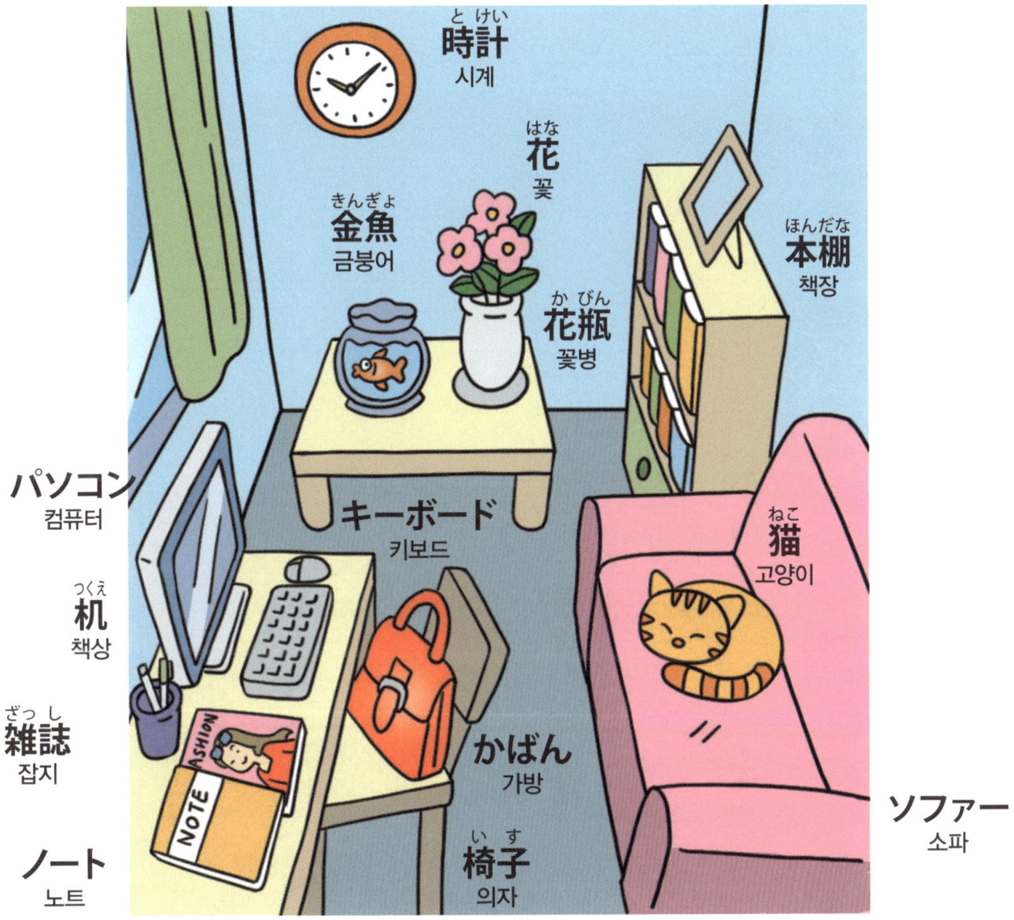

とけい
時計
시계

はな
花
꽃

きんぎょ
金魚
금붕어

かびん
花瓶
꽃병

ほんだな
本棚
책장

パソコン
컴퓨터

キーボード
키보드

ねこ
猫
고양이

つくえ
机
책상

ざっし
雑誌
잡지

かばん
가방

ソファー
소파

ノート
노트

いす
椅子
의자

〈 민아의 방 〉

해석

LESSON 01
私は会社員です。

1 〜は…です ~은/는 …입니다
私は学生です。 저는 학생입니다.
彼女は会社員です。 그녀는 회사원입니다.
彼は日本人です。 그는 일본인입니다.

2 〜では[じゃ]ありません ~이/가 …아닙니다
学生では[じゃ]ありません。 학생이 아닙니다.
会社員では[じゃ]ありません。 회사원이 아닙니다.
日本人では[じゃ]ありません。 일본인이 아닙니다.

3 〜ですか ~입니까?
学生ですか。 학생입니까?
会社員ですか。 회사원입니까?
中国人ですか。 중국인입니까?

4 はい/いいえ 예/아니요
はい、学生です。 네, 학생입니다.
はい、会社員です。 네, 회사원입니다.
いいえ、中国人ではありません。
아니요, 중국인이 아닙니다.

LESSON 02
それはだれの本ですか。

1 これ/それ/あれ/どれ 이것/그것/저것/어느것
これは本です。 이것은 책입니다.
それはかばんです。 그것은 가방입니다.
あれはつくえです。 저것은 책상입니다.

2 この/その/あの/どの 이/그/저/어느
この本 이책
そのボールペン 그 볼펜
あのかばん 저 가방
どの車 어느 자동차

3 〜の ~의, ~의것
❶ 私の本 나의 책
先生のめがね 선생님의 안경
❷ 私の 나의 것
先生の 선생님의 것
❸ 日本語の本 일본어 책
中国の会社 중국 회사

4 〜と ~와/과
先生と学生 선생님과 학생
韓国人と日本人 한국인과 일본인
本とノート 책과 노트

5 〜も ~도
私も学生です。 저도 학생입니다.
これも私のです。 이것도 제 것입니다.
彼女も先生です。 그녀도 선생님입니다.

LESSON 03
かいしゃ なんじ なんじ
会社は何時から何時までですか。

GRAMMAR

1 何時ですか 몇 시입니까?
なんじ

いまなんじ
今何時ですか。 지금 몇 시입니까?

いちじ
→ 一時です。 1시입니다.

じゅうにじはん
→ 12時半です。 12시 반입니다.

2 ～から…まで ~부터 ~까지

びょういん なんじ なんじ
病院は何時から何時までですか。
병원은 몇 시부터 몇 시까지입니까?

あさくじ ごごろくじ
アルバイトは朝9時から午後6時までです。
아르바이트는 아침 9시부터 오후 6시까지입니다.

3 ～が ~만, ~이/가

❶ すみませんが。/失礼ですが。
しつれい

죄송합니다만. / 실례합니다만.

かんこくじん
韓国人ですが。 한국인입니다만.

❷ これが私のです。 이것이 제 것입니다.
わたし

ひと やまだ
あの人が山田さんです。 저 사람이 야마다 씨입니다.

LESSON 04
ふた ひと
てんぷらうどん2つとおにぎり1つ
ください。

GRAMMAR

1 いくらですか 얼마입니까?

コーヒーはいくらですか。 커피는 얼마입니까?

うどんはいくらですか。 우동은 얼마입니까?

とけい
この時計はいくらですか。 이 시계는 얼마입니까?

2 ～(を)ください ~(을/를)주세요

みず
お水(を)ください。 물(을) 주세요.

コーヒー(を)ください。 커피(를) 주세요.

おにぎり(を)ください。 주먹밥(을) 주세요.

3 ～で ~해서, ~에/ ~이고

❶ 2つで1,000ウォンです。 2개에 1,000원입니다.
ぜんぶ
全部でいくらですか。 전부 해서 얼마입니까?

❷ これはケータイで、それはカメラです。

이것은 휴대전화이고, 그것은 카메라입니다.

わたし かんこくじん やまだ にほんじん
私は韓国人で、山田さんは日本人です。

저는 한국인이고, 야마다 씨는 일본인입니다.

LESSON 05
たんじょうび
お誕生日はいつですか。

GRAMMAR

1 いつですか 언제입니까?

たんじょうび
お誕生日はいつですか。 생일은 언제입니까?

やす
休みはいつですか。 휴일은 언제입니까?

2 ～じゃありませんか ~(이)지 않습니까?, ~이/가 아니에요?

やまだ
山田さんじゃありませんか。 야마다 씨 아니에요?

にほんご せんせい
日本語の先生じゃありませんか。

일본어 선생님 아니에요?

3 ～ですね ~이군요, ~이네요

あした キム たんじょうび
明日は金さんのお誕生日ですね。

내일은 김 씨의 생일이군요.

はる
もう春ですね。 이제 봄이네요.

4 生まれ ~생, 태생, 출생
う

かのじょ きゅうじゅうろくねん う
彼女は96年生まれです。 그녀는 96년생입니다.

ナさんはソウル生まれです。 나 씨는 서울 출생입니다.
う

LESSON 06
日本語は易しくて面白いです。
<small>にほんご　やさ　　　　おもしろ</small>

GRAMMAR

1 **い형용사** 기본형이 ～い로 끝나는 형용사

1. い형용사의기본형 + ～です

山田さんの会社は大きいです。
<small>やまだ　　　　かいしゃ　おお</small>

야마다 씨의 회사는 큽니다.

日本語の勉強は面白いです。
<small>にほんご　　べんきょう　おもしろ</small>

일본어 공부는 재미있습니다.

今日は天気がいいです。　오늘은날씨가좋습니다.
<small>きょう　てん　き</small>

2. い형용사의어간 + ～くないです / ～くありません

私の部屋はあまり広くないです。
<small>わたし　へや　　　　　　ひろ</small>

(=広くありません)　제방은 별로 넓지않습니다.
<small>ひろ</small>

日本語は難しくないです。
<small>にほんご　むずか</small>

(=難しくありません)　일본어는 어렵지않습니다.
<small>むずか</small>

今日は暑くないです。(=暑くありません)
<small>きょう　あつ　　　　　　　あつ</small>

오늘은 덥지않습니다.

3. い형용사의기본형 + 명사

熱いコーヒー　뜨거운커피
<small>あつ</small>

冷たいビール　차가운맥주
<small>つめ</small>

辛いキムチ　매운김치
<small>から</small>

4. い형용사의어간 + ～くて

❶ 易しくて面白い日本語　쉽고재미있는일본어
<small>やさ　　　　おもしろ　にほんご</small>

大きくて高い車　크고비싼자동차
<small>おお　　　　たか　くるま</small>

熱いコーヒー　뜨거운커피
<small>あつ</small>

冷たいビール　차가운맥주
<small>つめ</small>

❷ 漢字が難しくて、大変です。
<small>かんじ　むずか　　　　　たいへん</small>

한자가어려워서힘듭니다.

駅が近くて、いいです。　역이가까워서좋습니다.
<small>えき　ちか</small>

2 **～よ** 뜻은없이 어미 뒤에 붙어 강조

このケーキはとてもおいしいですよ。

이 케이크는 매우 맛있어요.

今日は本当に寒いですよ。　오늘은정말추워요.
<small>きょう　ほんとう　さむ</small>

日本語の先生はとても面白いですよ。
<small>にほんご　せんせい　　　　　おもしろ</small>

일본어 선생님은 매우 재미있어요.

LESSON 07
すてきな都市です。
<small>と　し</small>

GRAMMAR

1 **な형용사(형용동사)** 기본형이 ～だ로 끝나는 형용사

1. な형용사의어간 + ～です

この町は有名です。　이마을은유명합니다.
<small>まち　ゆうめい</small>

先生は親切です。　선생님은친절합니다.
<small>せんせい　しんせつ</small>

事務室は静かです。　사무실은조용합니다.
<small>じ　む　しつ　しず</small>

2. な형용사의어간 + ～では[じゃ]ありません / ～では[じゃ]ないです

金さんの会社はあまり有名[じゃ]では
<small>キム　　　　かいしゃ　　　　　　ゆうめい</small>

ありません。　김씨의회사는별로유명하지않습니다.

彼女は親切では[じゃ]ありません。
<small>かのじょ　しんせつ</small>

그녀는 친절하지않습니다.

教室は静かでは[じゃ]ありません。
<small>きょうしつ　しず</small>

교실은 조용하지않습니다.

3. な형용사의어간 + な + 명사

元気な子供　건강한아이
<small>げん　き　こ　ども</small>

有名な会社　유명한회사
<small>ゆうめい　かいしゃ</small>

賑やかな町　번화한마을
<small>にぎ　　　　まち</small>

4. な형용사의어간 + ～で

❶ 静かできれいな公園　조용하고깨끗한공원
<small>しず　　　　　　　　こうえん</small>

賑やかで有名な町　번화하고유명한마을
<small>にぎ　　　　ゆうめい　まち</small>

❷ この漢字は簡単で、いいです。

이 한자는 간단해서 좋습니다.

この車は丈夫で、安心です。

이 차는 튼튼해서 안심이 됩니다.

2 〜から ~때문에, ~(하)니까

あの店がどうしていいですか。

저 가게가 왜 좋습니까?

→ 交通が便利ですから。 교통이 편리하니까요.

→ 店員が親切ですから。 점원이 친절하니까요.

→ 料理が安くておいしいですから。

요리가 싸고 맛있으니까요.

LESSON 08
どんな音楽が好きですか。

GRAMMAR

1 〜が好きです ~을/를 좋아합니다

音楽が好きです。 음악을 좋아합니다.

料理が上手です。 요리를 잘합니다.

スポーツが下手です。 스포츠를 못합니다.

2 どんな〜が好きですか 어떤 ~을/를 좋아하세요?

どんな音楽が好きですか。 어떤 음악을 좋아하세요?

どんな料理が上手ですか。 어떤 요리를 잘하세요?

どんなスポーツが好きですか。

어떤 스포츠를 좋아하세요?

3 비교구문

1. AとBとどちらが〜ですか

海と山とどちらが好きですか。

바다와 산 중에서 어느 쪽을 (더) 좋아하세요?

東京とソウルとどちらが寒いですか。

도쿄와 서울 중에서 어느 쪽이 (더) 춥습니까?

2. AよりBのほうが〜です

山より海のほうが好きです。

산보다 바다를 (더) 좋아합니다.

東京よりソウルのほうが寒いです。

도쿄보다 서울이 (더) 춥습니다.

4 최상급구문

1. 一番

一番有名です。 가장 유명합니다.

一番好きです。 가장 좋아합니다.

一番上手です。 가장 잘합니다.

2. 〜の中で

ソウルの町の中で一番有名です。

서울의 마을 중에서 가장 유명합니다.

季節の中で秋が一番好きです。

계절 중에서 가을을 가장 좋아합니다.

外国語の中で、日本語が一番上手です。

외국어 중에서 일본어를 가장 잘합니다.

3. 何/いつ/だれ/どこ/どれ

料理の中で何が一番好きですか。

요리 중에서 무엇을 가장 좋아합니까?

季節の中でいつが一番好きですか。

계절 중에서 언제를 가장 좋아합니까?

歌手の中でだれが一番好きですか。

가수 중에서 누구를 가장 좋아합니까?

町の中でどこが一番賑やかですか。

마을 중에서 어디가 가장 번화합니까?

りんごと みかんと なしの中でどれが一番好きですか。 사과, 귤, 배 중에서 어느 것을 가장 좋아합니까?

LESSON 09

クラスに学生は何人いますか。

GRAMMAR

1 あります/ありません 있습니다/없습니다 (무생물, 식물)

机といすがあります。　책상과 의자가 있습니다.

木や花があります。　나무와 꽃이 있습니다.

現金はありません。　현금은 없습니다.

2 います/いません 있습니다/없습니다 (생물: 사람, 동물)

先生がいます。　선생님이 있습니다.

犬がいます。　강아지가 있습니다.

恋人はいません。　연인은 없습니다.

3 ～にあります/います ~에 있습니다

会社は駅のそばにあります。
회사는 역 근처에 있습니다.

本は机の上にあります。　책은 책상 위에 있습니다.

先生は教室の中にいます。
선생님은 교실 안에 있습니다.

猫はテーブルの下にいます。
고양이는 테이블 아래에 있습니다.

4 どこにありますか/いますか 어디에 있습니까?

会社はどこにありますか。
회사는 어디에 있습니까?

本はどこにありますか。　책은 어디에 있습니까?

先生はどこにいますか。　선생님은 어디에 있습니까?

猫はどこにいますか。　고양이는 어디에 있습니까?

정답

LESSON 01
<ruby>私<rt>わたし</rt></ruby>は<ruby>会社員<rt>かいしゃいん</rt></ruby>です。

LET'S TALK

Ⅰ

1 <ruby>私<rt>わたし</rt></ruby>は<ruby>学生<rt>がくせい</rt></ruby>です。 저는 학생입니다.

2 <ruby>私<rt>わたし</rt></ruby>は<ruby>会社員<rt>かいしゃいん</rt></ruby>です。 저는 회사원입니다.

3 <ruby>彼<rt>かれ</rt></ruby>は<ruby>歌手<rt>かしゅ</rt></ruby>です。 그는 가수입니다.

Ⅱ

1 <ruby>山田<rt>やまだ</rt></ruby>さんは<ruby>日本人<rt>にほんじん</rt></ruby>です。 야마다 씨는 일본인입니다.

2 <ruby>王<rt>ワン</rt></ruby>さんは<ruby>中国人<rt>ちゅうごくじん</rt></ruby>です。 왕씨는 중국인입니다.

3 スミスさんはアメリカ<ruby>人<rt>じん</rt></ruby>です。
스미스 씨는 미국인입니다.

Ⅲ

1 **A:** <ruby>彼<rt>かれ</rt></ruby>は<ruby>学生<rt>がくせい</rt></ruby>ですか。 그는 학생입니까?

　 B: はい、<ruby>学生<rt>がくせい</rt></ruby>です。 네, 학생입니다.

2 **A:** <ruby>彼<rt>かれ</rt></ruby>はピアニストですか。 그는 피아니스트입니까?

　 B: いいえ、ピアニストではありません。
아니요, 피아니스트가 아닙니다.

3 **A:** <ruby>彼<rt>かれ</rt></ruby>は<ruby>歌手<rt>かしゅ</rt></ruby>ですか。 그는 가수입니까?

　 B: はい、<ruby>歌手<rt>かしゅ</rt></ruby>です。 네, 가수입니다.

4 **A:** <ruby>彼女<rt>かのじょ</rt></ruby>は<ruby>先生<rt>せんせい</rt></ruby>ですか。 그녀는 선생님입니까?

　 B: いいえ、<ruby>先生<rt>せんせい</rt></ruby>ではありません。
아뇨, 선생님이 아닙니다.

5 **A:** <ruby>彼女<rt>かのじょ</rt></ruby>は<ruby>日本人<rt>にほんじん</rt></ruby>ですか。 그녀는 일본인입니까?

　 B: はい、<ruby>日本人<rt>にほんじん</rt></ruby>です。 네, 일본인입니다.

EXERCISE

1 はじめまして。

2 どうぞよろしくお<ruby>願<rt>ねが</rt></ruby>いします。

3 <ruby>私<rt>わたし</rt></ruby>は<ruby>学生<rt>がくせい</rt></ruby>です。

4 <ruby>彼<rt>かれ</rt></ruby>は<ruby>会社員<rt>かいしゃいん</rt></ruby>ではありません。

5 <ruby>中国人<rt>ちゅうごくじん</rt></ruby>ですか。

LESSON 02
それはだれの<ruby>本<rt>ほん</rt></ruby>ですか。

LET'S TALK

Ⅰ

1 **A:** この<ruby>帽子<rt>ぼうし</rt></ruby>は<ruby>金<rt>キム</rt></ruby>さんのですか。
이 모자는 김 씨의 것입니까?

　 B: はい、<ruby>金<rt>キム</rt></ruby>さんのです。
네, 김 씨의 것입니다.

2 **A:** このボールペンは<ruby>金<rt>キム</rt></ruby>さんのですか。
이 볼펜은 김 씨의 것입니까?

　 B: いいえ、<ruby>金<rt>キム</rt></ruby>さんのではありません。
아뇨, 김 씨의 것이 아닙니다.

3 **A:** その<ruby>時計<rt>とけい</rt></ruby>は<ruby>山田<rt>やまだ</rt></ruby>さんのですか。
그 시계는 야마다 씨의 것입니까?

　 B: いいえ、<ruby>山田<rt>やまだ</rt></ruby>さんのではありません。
아뇨, 야마다 씨의 것이 아닙니다.

4 **A:** そのめがねは<ruby>山田<rt>やまだ</rt></ruby>さんのですか。
그 안경은 야마다 씨의 것입니까?

　 B: はい、<ruby>山田<rt>やまだ</rt></ruby>さんのです。
네, 야마다 씨의 것입니다.

5 **A:** あの<ruby>車<rt>くるま</rt></ruby>は<ruby>先生<rt>せんせい</rt></ruby>のですか。
저 차는 선생님의 것입니까?

　 B: いいえ、<ruby>先生<rt>せんせい</rt></ruby>のではありません。
아뇨, 선생님의 것이 아닙니다.

Ⅱ

1 **A:** これはだれの本ですか。

이것은 누구의 책입니까?

B: それは先生の本です。

그것은 선생님의 책입니다.

2 **A:** これはだれのケータイですか。

이것은 누구의 휴대전화입니까?

B: それは友達のケータイです。

그것은 친구의 휴대전화입니다.

3 **A:** それはだれのカメラですか。

그것은 누구의 카메라입니까?

B: これは私のカメラです。

이것은 나의 카메라입니다.

4 **A:** それはだれの写真ですか。

그것은 누구의 사진입니까?

B: これはナさんの写真です。

이것은 나 씨의 사진입니다.

5 **A:** あれはだれのくつですか。

저것은 누구의 구두입니까?

B: あれは金さんのくつです。

저것은 김 씨의 구두입니다.

EXERCISE

1 これは私のかばんです。

2 それは山田さんのボールペンです。

3 あれは日本の雑誌です。

4 この車は会社のです。

5 そのケータイは私のではありません。

6 あのくつは先生のです。

LESSON 03
会社は何時から何時までですか。

LET'S TALK

Ⅰ

1 **A:** すみません、今何時ですか。

죄송합니다만, 지금 몇 시입니까?

B: 4時20分です。 4시 20분입니다.

2 **A:** すみません、今何時ですか。

죄송합니다만, 지금 몇 시입니까?

B: 7時30分です。 7시 30분입니다.

3 **A:** すみません、今何時ですか。

죄송합니다만, 지금 몇 시입니까?

B: 9時50分です。 9시 50분입니다.

4 **A:** すみません、今何時ですか。

죄송합니다만, 지금 몇 시입니까?

B: 10時15分です。 10시 15분입니다.

5 **A:** すみません、今何時ですか。

죄송합니다만, 지금 몇 시입니까?

B: 12時40分です。 12시 40분입니다.

Ⅱ

1 **A:** 会社は何時から何時までですか。

회사는 몇 시부터 몇 시까지입니까?

B: 会社は午前9時から午後5時までです。

회사는 오전 9시부터 오후 5시까지입니다.

2 **A:** 銀行は何時から何時までですか。

은행은 몇 시부터 몇 시까지입니까?

B: 銀行は午前9時から午後4時までです。

은행은 오전 9시부터 오후 4시까지입니다.

3 **A:** デパートは何時から何時までですか。

백화점은 몇 시부터 몇 시까지입니까?

B: デパートは午前10時半から午後8時までです。

백화점은 오전 10시 반부터 오후 8시까지입니다.

4 **A:** 病院は何時から何時までですか。

병원은 몇 시부터 몇 시까지입니까?

B: 病院は午前9時半から午後6時までです。 병원은 오전 9시 반부터 오후 6시까지입니다.

5　A: レストランは何時_{なんじ}から何時_{なんじ}までですか。

レ스토랑은 몇 시부터 몇 시까지입니까?

　　B: レストランは午前 11 時_{ごぜんじゅういちじ}から午後 10 _{ごご じゅう}時_じまでです。

레스토랑은 오전 11시부터 오후 10시까지입니다.

1　日本語_{にほんご}の授業_{じゅぎょう}は 7 時_{しちじ}から 8 時_{はちじ}までです。

2　昼休_{ひるやす}みは 12 時_{じゅうにじ}から 1 時_{いちじ}までです。

3　会議_{かいぎ}は午前 10 時_{ごぜんじゅうじ}から 12 時_{じゅうにじ}までです。

4　アルバイトは午後 6 時_{ごごろくじ}から 11 時_{じゅういちじ}までです。

5　美容院_{びようい ん}は午前 10 時_{ごぜん じゅうじ}から午後 9 時_{ごごくじ}までです。

LESSON 04
てんぷらうどん 2 つ_{ふた}とおにぎり 1 つ_{ひと}
ください。

Ⅰ

1　A: ワイシャツはいくらですか。

와이셔츠는 얼마입니까?

　　B: 4 万 5 千_{よんまん ごせん}ウォンです。　4만 5천 원입니다.

2　A: かばんはいくらですか。

가방은 얼마입니까?

　　B: 27 万_{にじゅうななまん}ウォンです。　27만 원입니다.

3　A: ノートブックはいくらですか。

노트북은 얼마입니까?

　　B: 189 万_{ひゃくはちじゅうきゅうまん}ウォンです。　189만 원입니다.

Ⅱ

1　A: りんごはいくらですか。

사과는 얼마입니까?

　　B: 二_{ふた}つで 5,000_{ごせん}ウォンです。

두 개에 5,000원입니다.

2　A: なしはいくらですか。

배는 얼마입니까?

　　B: 三_{みっ}つで 10,000_{いちまん}ウォンです。

세 개에 10,000원입니다.

3　A: ももはいくらですか。

복숭아는 얼마입니까?

　　B: 四_{よっ}つで 6,000_{ろくせん}ウォンです。

네 개에 6,000원입니다.

Ⅲ

1　A: サンドイッチはいくらですか。

샌드위치는 얼마입니까?

　　B: ハムサンドイッチは 440 円_{よんひゃくよんじゅうえん}で、エッグサンドイッチは 510 円_{ごひゃくじゅうえん}です。

햄 샌드위치는 440엔이고, 에그 샌드위치는 510엔입니다.

2　A: コーヒーはいくらですか。

커피는 얼마입니까?

　　B: アメリカーノは 450 円_{よんひゃくごじゅうえん}で、カフェモカは 530 円_{ごひゃくさんじゅうえん}です。

아메리카노는 450엔이고, 카페 모카는 530엔입니다.

3　A: アイスクリームはいくらですか。

아이스크림은 얼마입니까?

　　B: 抹茶_{まっちゃ}アイスクリームは 590 円_{ごひゃくきゅうじゅうえん}で、マンゴーアイスクリームは 620 円_{ろっぴゃくにじゅうえん}です。

말차 아이스크림은 590엔이고 망고 아이스크림은 620엔입니다.

4　A: ケーキはいくらですか。

케이크는 얼마입니까?

　　B: チョコレートケーキは 520 円_{ごひゃくにじゅうえん}で、チーズケーキは 480 円_{よんひゃくはちじゅうえん}です。

초콜릿 케이크는 520엔이고 치즈 케이크는 480엔입니다.

1　スマホはいくらですか。

2　全部_{ぜんぶ}でいくらですか。

3　りんごは三_{みっ}つで 5,000_{ごせん}ウォンです。

4　トーストは 2,500_{にせんごひゃく}ウォンで、サンドイッチは 3,000_{さんぜん}ウォンです。

5　コーヒーとチーズケーキ一_{ひと}つください。

LESSON 05
お誕生日はいつですか。

LET'S TALK

Ⅰ

1 **A:** 1日は何曜日ですか。 1일은 무슨 요일입니까?
  B: 木曜日です。 목요일입니다.

2 **A:** 9日は何曜日ですか。 9일은 무슨 요일입니까?
  B: 金曜日です。 금요일입니다.

3 **A:** 14日は何曜日ですか。 14일은 무슨 요일입니까?
  B: 水曜日です。 수요일입니다.

4 **A:** 19日は何曜日ですか。 19일은 무슨 요일입니까?
  B: 月曜日です。 월요일입니다.

5 **A:** 24日は何曜日ですか。 24일은 무슨 요일입니까?
  B: 土曜日です。 토요일입니다.

6 **A:** 27日は何曜日ですか。 27일은 무슨 요일입니까?
  B: 火曜日です。 화요일입니다.

Ⅱ

1 **A:** 何月何日ですか。 몇월 며칠입니까?
  B: いちがつ とおかです。 1월 10일입니다.

2 **A:** 何月何日ですか。 몇월 며칠입니까?
  B: さんがつ みっかです。 3월 3일입니다.

3 **A:** 何月何日ですか。 몇월 며칠입니까?
  B: ごがつ ようかです。 5월 8일입니다.

4 **A:** 何月何日ですか。 몇월 며칠입니까?
  B: はちがつ じゅうごにちです。 8월 15일입니다.

5 **A:** 何月何日ですか。 몇월 며칠입니까?
  B: じゅうにがつ にじゅうよっかです。 12월 24일입니다.

1 明日は何曜日ですか。

2 来週の月曜日は何日ですか。

3 先生のお誕生日はいつですか。

4 何月生まれですか。

5 今日は山田さんのお誕生日じゃありませんか。

LESSON 06
日本語は易しくて面白いです。

LET'S TALK

Ⅰ

1 **A:** このカメラは大きいですか。
  이 카메라는 큽니까?
  B: いいえ、大きくありません。小さいです。
  아뇨, 크지 않습니다. 작습니다.

2 **A:** 部屋は広いですか。
  방은 넓습니까?
  B: いいえ、広くありません。狭いです。
  아뇨, 넓지 않습니다. 좁습니다.

3 **A:** 夏は寒いですか。
  여름은 춥습니까?
  B: いいえ、寒くありません。暑いです。
  아뇨, 춥지 않습니다. 덥습니다.

4 **A:** キムチは甘いですか。
  김치는 답니까?
  B: いいえ、甘くありません。辛いです。
  아뇨, 달지 않습니다. 맵습니다.

5 **A:** この車は新しいですか。
  이 차는 새것입니까?
  B: いいえ、新しくありません。古いです。
  아뇨, 새것이 아닙니다. 낡았습니다.

Ⅱ

1 A：どんな先生ですか。 어떤 선생님입니까?

B：優しくて面白い先生です。

상냥하고 재미있는 선생님입니다.

2 A：どんなかばんですか。 어떤 가방입니까?

B：小さくてかわいいかばんです。

작고 예쁜 가방입니다.

3 A：どんなコーヒーですか。 어떤 커피입니까?

B：熱くておいしいコーヒーです。

뜨겁고 맛있는 커피입니다.

4 A：どんな店ですか。 어떤 가게입니까?

B：新しくて広い店です。

새롭고 넓은 가게입니다.

5 A：どんな天気ですか。 어떤 날씨입니까?

B：暖かくていい天気です。

따뜻하고 좋은 날씨입니다.

EXERCISE

1 日本語は易しくて面白いです。

2 冷たいビールください。

3 このケータイは小さくて軽いです。

4 この店のラーメンは安くておいしいです。

5 これは甘くておいしいケーキです。

LESSON 07
すてきな都市です。

LET'S TALK

Ⅰ

1 A：中村さんはハンサムですか。

나카무라 씨는 잘생겼습니까?

B：はい、ハンサムです。 네, 잘생겼습니다.

2 A：金さんは親切ですか。 김 씨는 친절합니까?

B：はい、親切です。 네, 친절합니다.

3 A：ダンスが上手ですか。 춤을 잘 춥니까?

B：はい、上手です。 네, 잘 춥니다.

4 A：この車はきれいですか。 이 차는 깨끗합니까?

B：いいえ、きれいではありません。

아뇨, 깨끗하지 않습니다.

5 A：町は静かですか。 거리는 조용합니까?

B：いいえ、静かではありません。

아뇨, 조용하지 않습니다.

Ⅱ

1 A：どんな人ですか。 어떤 사람입니까?

B：ハンサムでリッチな人です。

잘생기고 부자인 사람입니다.

2 A：どんな学生ですか。 어떤 학생입니까?

B：元気で真面目な学生です。

활발하고 성실한 학생입니다.

3 A：どんな車ですか。 어떤 차입니까?

B：丈夫で便利な車です。

튼튼하고 편리한 차입니다.

4 A：どんな仕事ですか。 어떤 일입니까?

B：簡単で楽な仕事です。

간단하고 편한 일입니다.

5 A：どんな先生ですか。 어떤 선생님입니까?

B：親切ですてきな先生です。

친절하고 멋진 선생님입니다.

EXERCISE

1 交通は便利ですか。

2 教室は静かでは[じゃ]ありません。

3 山田さんは真面目な人です。

4 彼女はスリムできれいです。

5 丈夫ですてきな車です。

LESSON 08
どんな<ruby>音楽<rt>おんがく</rt></ruby>が<ruby>好<rt>す</rt></ruby>きですか。

LET'S TALK

Ⅰ

1 **A:** <ruby>日本語<rt>に ほん ご</rt></ruby>と<ruby>英語<rt>えい ご</rt></ruby>とどちらが<ruby>上手<rt>じょう ず</rt></ruby>ですか。

일본어와 영어하고 어느 쪽을 잘하세요?

B: <ruby>日本語<rt>に ほん ご</rt></ruby>のほうが<ruby>上手<rt>じょう ず</rt></ruby>です。

일본어를 더 잘합니다.

2 **A:** バスと<ruby>地下鉄<rt>ち か てつ</rt></ruby>とどちらが<ruby>便利<rt>べん り</rt></ruby>ですか。

버스와 지하철하고 어느 쪽이 편리합니까?

B: <ruby>地下鉄<rt>ち か てつ</rt></ruby>のほうが<ruby>便利<rt>べん り</rt></ruby>です。

지하철이 더 편리합니다.

3 **A:** お<ruby>金<rt>かね</rt></ruby>と<ruby>健康<rt>けん こう</rt></ruby>とどちらが<ruby>大切<rt>たい せつ</rt></ruby>ですか。

돈과 건강하고 어느 쪽이 중요합니까?

B: <ruby>健康<rt>けん こう</rt></ruby>のほうが<ruby>大切<rt>たい せつ</rt></ruby>です。 건강이 더 중요합니다.

4 **A:** <ruby>恋人<rt>こい びと</rt></ruby>と<ruby>友達<rt>とも だち</rt></ruby>とどちらがいいですか。

애인과 친구하고 어느 쪽이 좋습니까?

B: <ruby>恋人<rt>こい びと</rt></ruby>のほうがいいです。 애인이 더 좋습니다.

5 **A:** <ruby>家族<rt>か ぞく</rt></ruby>と<ruby>仕事<rt>し ごと</rt></ruby>とどちらが<ruby>重要<rt>じゅう よう</rt></ruby>ですか。

가족과 일하고 어느 쪽이 중요합니까?

B: <ruby>家族<rt>か ぞく</rt></ruby>のほうが<ruby>重要<rt>じゅう よう</rt></ruby>です。 가족이 더 중요합니다.

Ⅱ

1 **A:** <ruby>果物<rt>くだ もの</rt></ruby>の<ruby>中<rt>なか</rt></ruby>で<ruby>何<rt>なに</rt></ruby>が<ruby>一番<rt>いち ばん</rt></ruby><ruby>好<rt>す</rt></ruby>きですか。

과일 중에서 무엇을 가장 좋아하세요?

B: みかんが<ruby>一番<rt>いち ばん</rt></ruby><ruby>好<rt>す</rt></ruby>きです。 귤을 가장 좋아합니다

2 **A:** <ruby>歌手<rt>か しゅ</rt></ruby>の<ruby>中<rt>なか</rt></ruby>でだれが<ruby>一番<rt>いち ばん</rt></ruby><ruby>好<rt>す</rt></ruby>きですか。

가수 중에서 누구를 가장 좋아하세요?

B: BTSが<ruby>一番<rt>いち ばん</rt></ruby><ruby>好<rt>す</rt></ruby>きです。 BTS를 가장 좋아합니다.

3 **A:** <ruby>四季<rt>し き</rt></ruby>の<ruby>中<rt>なか</rt></ruby>でいつが<ruby>一番<rt>いち ばん</rt></ruby><ruby>好<rt>す</rt></ruby>きですか。

사계절 중에서 언제를 가장 좋아하세요?

B: <ruby>冬<rt>ふゆ</rt></ruby>が<ruby>一番<rt>いち ばん</rt></ruby><ruby>好<rt>す</rt></ruby>きです。 겨울을 가장 좋아합니다.

4 **A:** <ruby>韓国<rt>かん こく</rt></ruby>の<ruby>山<rt>やま</rt></ruby>の<ruby>中<rt>なか</rt></ruby>でどこが<ruby>一番<rt>いち ばん</rt></ruby><ruby>好<rt>す</rt></ruby>きですか。

한국 산 중에서 어느 곳을 가장 좋아하세요?

B: ソラク<ruby>山<rt>さん</rt></ruby>が<ruby>一番<rt>いち ばん</rt></ruby><ruby>好<rt>す</rt></ruby>きです。

설악산을 가장 좋아합니다.

5 **A:** コーヒーと<ruby>紅茶<rt>こう ちゃ</rt></ruby>とコーラの<ruby>中<rt>なか</rt></ruby>でどれが<ruby>一番<rt>いち ばん</rt></ruby><ruby>好<rt>す</rt></ruby>きですか。

커피와 홍차와 콜라 중에서 어느 것을 가장 좋아하세요?

B: コーヒーが<ruby>一番<rt>いち ばん</rt></ruby><ruby>好<rt>す</rt></ruby>きです。

커피를 가장 좋아합니다.

EXERCISE

1 どんな<ruby>人<rt>ひと</rt></ruby>が<ruby>好<rt>す</rt></ruby>きですか。

2 ソウルと<ruby>東京<rt>とう きょう</rt></ruby>とどちらが<ruby>大<rt>おお</rt></ruby>きいですか。

3 <ruby>英語<rt>えい ご</rt></ruby>より<ruby>日本語<rt>に ほん ご</rt></ruby>のほうが<ruby>上手<rt>じょう ず</rt></ruby>です。

4 <ruby>季節<rt>き せつ</rt></ruby>の<ruby>中<rt>なか</rt></ruby>で<ruby>春<rt>はる</rt></ruby>が<ruby>一番<rt>いち ばん</rt></ruby><ruby>好<rt>す</rt></ruby>きです。

5 スポーツの<ruby>中<rt>なか</rt></ruby>でサッカーが<ruby>一番<rt>いち ばん</rt></ruby><ruby>好<rt>す</rt></ruby>きです。

LESSON 09
クラスに<ruby>学生<rt>がく せい</rt></ruby>は<ruby>何人<rt>なん にん</rt></ruby>いますか。

LET'S TALK

Ⅰ

1 **A:** <ruby>本<rt>ほん</rt></ruby>はどこにありますか。 책은 어디에 있습니까?

B: <ruby>本<rt>ほん</rt></ruby>は<ruby>机<rt>つくえ</rt></ruby>の<ruby>上<rt>うえ</rt></ruby>にあります。

책은 책상 위에 있습니다.

2 **A:** <ruby>財布<rt>さい ふ</rt></ruby>はどこにありますか。

지갑은 어디에 있습니까?

B: <ruby>財布<rt>さい ふ</rt></ruby>はかばんの<ruby>中<rt>なか</rt></ruby>にあります。

지갑은 가방 안에 있습니다.

3 **A:** <ruby>雑誌<rt>ざっ し</rt></ruby>はどこにありますか。

잡지는 어디에 있습니까?

B: <ruby>雑誌<rt>ざっ し</rt></ruby>はソファーの<ruby>下<rt>した</rt></ruby>にあります。

잡지는 소파 아래에 있습니다.

4 **A:** <ruby>山田<rt>やま だ</rt></ruby>さんはどこにいますか。

야마다 씨는 어디에 있습니까?

B: <ruby>山田<rt>やま だ</rt></ruby>さんは<ruby>田中<rt>た なか</rt></ruby>さんの<ruby>隣<rt>となり</rt></ruby>にいます。

야마다 씨는 다나카 씨 옆에 있습니다.

5 **A:** 猫はどこにいますか。 고양이는 어디에 있습니까?

B: 猫は姜さんの前にいます。

고양이는 강 씨의 앞에 있습니다.

Ⅱ

1 **A:** 銀行はどこにありますか。

은행은 어디에 있습니까?

B: 銀行は会社の隣にあります。

은행은 회사 옆에 있습니다.

2 **A:** デパートはどこにありますか。

백화점은 어디에 있습니까?

B: デパートは郵便局の前にあります。

백화점은 우체국 앞에 있습니다.

3 **A:** コンビニはどこにありますか。

편의점은 어디에 있습니까?

B: コンビニは郵便局の近くにあります。

편의점은 우체국 근처에 있습니다.

4 **A:** 郵便局はどこにありますか。

우체국은 어디에 있습니까?

B: 郵便局はデパートの後ろにあります。

우체국은 백화점 뒤에 있습니다.

5 **A:** 本屋はどこにありますか。

서점은 어디에 있습니까?

B: 本屋は銀行の向かいにあります。

서점은 은행 맞은편에 있습니다.

Ⅲ

1 **A:** 女の子は何人いますか。

여자아이는 몇 명 있습니까?

B: 女の子は三人います。 여자아이는 세 명 있습니다.

2 **A:** 男の子は何人いますか。

남자아이는 몇 명 있습니까?

B: 男の子は五人います。 남자아이는 5명 있습니다.

3 **A:** 日本人は何人いますか。

일본인은 몇 명 있습니까?

B: 日本人は二人います。 일본인은 두 명 있습니다.

4 **A:** 子供は何人いますか。 아이는 몇 명 있습니까?

B: 子供は一人もいません。 아이는 한 명도 없습니다.

EXERCISE

1 かばんは机の上にあります。

2 銀行は会社の前にあります。

3 日本人の友達がいます。

4 家にかわいい子犬がいます。

5 今日は仕事がありません。

6 部屋に猫はいません。

더욱 새로워진 단계별 종합 일본어 학습 프로그램

NEW うきうき
우 키 우 키

일본어 STEP ①

강경자 지음 · 온즈카 치요 감수

東京 | TŌKYŌ

Workbook

넥서스 JAPANESE

더욱 새로워진 단계별 종합 일본어 학습 프로그램

NEW
うきうき
우 키 우 키

일본어 STEP
1

강경자 지음 · 온즈카 치요 감수

東京 | TŌKYŌ

4:30 東京

出口
EXIT →

Workbook

넥서스 JAPANESE

01 私は会社員です。

저는 회사원입니다.

 **Step 1** 필수 단어 익히기

学生	학생	はじめまして	처음 뵙겠습니다
先生	선생님	どうぞ	부디, 아무쪼록
会社員	회사원	よろしく	잘
私	나, 저	お願いします	부탁드립니다
彼	그	あなた	당신
彼女	그녀	ピアニスト	피아니스트
日本人	일본인	アメリカ	미국
中国人	중국인	イギリス	영국
韓国人	한국인	フランス	프랑스
歌手	가수	ドイツ	독일

 제시된 단어를 예와 같이 일본어로 써 보세요.

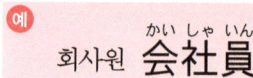

1 학생　　　　　　**2** 선생님　　　　　　**3** 한국인

4 일본인　　　　　　**5** 가수　　　　　　**6** 그녀

❶ **～は …です** ～은/는 …입니다

❷ **～では[じゃ]ありません** ～이/가 아닙니다

❸ **～ですか** ～입니까?

❹ **はい** 예 / **いいえ** 아니요

✎ **빈칸에 알맞은 말을 넣어 보세요.**

1 私_____ 学生です。
　　 는

2 彼女は　会社員_____。
　　　　　　　　　　　 입니다

3 日本人_____。
　　　　 이 아닙니다

4 中国人_____。
　　　　 입니까?

5 _____、会社員です。
　　 네

6 _____、中国人では　ありません。
　　 아니요

✏️ 빈칸에 알맞은 말을 넣어 보세요.

Ⅰ **1** _____ 学生です。
　　 나는　　　　　　　がくせい

2 彼は _____。
　　 かれ　　　가수입니다

3 山田さんは _____。
　　 やま だ　　　　일본인입니다

4 王さんは _____。
　　 ワン　　　　중국인입니다

5 スミスさんは _____。
　　　　　　　미국인입니다

Ⅱ **1** **A** 彼は _____。
　　　　 かれ　　학생입니까?

　　 B はい、_____。
　　　　　　　학생입니다

2 **A** 彼は _____。
　　　　 かれ　　피아니스트입니까?

　　 B いいえ、_____。
　　　　　　　피아니스트가 아닙니다

3 **A** _____。
　　　　 그는 가수입니까?

　　 B _____。
　　　　 네, 가수입니다.

4 **A** _____。
　　　　 그녀는 선생님입니까?

　　 B _____。
　　　　 아니요, 선생님이 아닙니다.

5 **A** _____。
　　　　 그녀는 일본인입니까?

　　 B _____。
　　　　 네, 일본인입니다.

それはだれの本ですか。

그것은 누구 책이에요?

 **Step 1** 필수 단어 익히기

本 ほん	책	全部 ぜん ぶ	전부
車 くるま	차	かばん	가방
日本語 に ほん ご	일본어	これ	이것
帽子 ぼう し	모자	それ	그것
時計 と けい	시계	あれ	저것
友達 とも だち	친구	どれ	어느 것
写真 しゃ しん	사진	ボールペン	볼펜
靴 くつ	구두	ノート	노트
雑誌 ざっ し	잡지	ケータイ	휴대전화
会社 かい しゃ	회사	カメラ	카메라

 제시된 단어를 예와 같이 일본어로 써 보세요.

 잡지 雑誌
ざっ し

1 책

2 차

3 일본어

4 시계

5 사진

6 친구

① **こ・そ・あ・ど 법칙**
(이・그・저・어느 법칙)

これ	それ	あれ	どれ
이것	그것	저것	어느 것
この	その	あの	どの
이	그	저	어느
こちら	そちら	あちら	どちら
이쪽	그쪽	저쪽	어느 쪽
こんな	そんな	あんな	どんな
이런	그런	저런	어떤

② **の의 용법**

1. ～의(소유격 조사)
私のかばん

2. ～의 것(소유대명사)
私の

3. 명사 수식(명사와 명사를 연결)
日本人の先生

③ **～と** ～와/과

④ **～も** ～도

✎ **빈칸에 알맞은 말을 넣어 보세요.**

1 _____は 本です。
　　이것

2 _____ かばん
　　저

3 先生_____ めがね
　　　　의

4 先生_____ 学生
　　　　과

5 私_____ 学生です。
　　　도

✎ 빈칸에 알맞은 말을 넣어 보세요.

Ⅰ 1 A この　めがねは　金_{キム}さんのですか。

B はい、＿＿＿＿＿＿＿＿＿＿＿＿＿＿＿＿＿。
　　　　김 씨의 것입니다

2 A この　ボールペンは　あなたのですか。

B いいえ、＿＿＿＿＿＿＿＿＿＿＿＿＿＿＿＿＿。
　　　　　제 것이 아닙니다

3 A その　時計_{と けい}は　田中_{た なか}さんのですか。

B いいえ、＿＿＿＿＿＿＿＿＿＿＿＿＿＿＿＿＿。
　　　　　다나카 씨의 것이 아닙니다

4 A その　めがねは　山田_{やま だ}さんのですか。

B はい、＿＿＿＿＿＿＿＿＿＿＿＿＿＿＿＿＿。
　　　　야마다 씨의 것입니다

5 A あの　車_{くるま}は　先生_{せんせい}のですか。

B いいえ、＿＿＿＿＿＿＿＿＿＿＿＿＿＿＿＿＿。
　　　　　선생님의 것이 아닙니다

Ⅱ 1 A これは　だれの　本_{ほん}ですか。

B ＿＿＿＿＿は ＿＿＿＿＿ 本_{ほん}です。
　　그것　　　　　나의

2 A これは　だれの　ケータイですか。

B ＿＿＿＿＿は ＿＿＿＿＿ ケータイです。
　　그것　　　　　친구의

3 A それは　だれの　カメラですか。

B ＿＿＿＿＿は ＿＿＿＿＿ カメラです。
　　이것　　　　　선생님의

4 A それは　だれの　写真_{しゃしん}ですか。

B ＿＿＿＿＿は　ナさんの　写真_{しゃしん}です。
　　이것

5 A あれは　＿＿＿＿＿＿＿＿＿＿＿＿＿＿。
　　　　　　　누구의 신발입니까?

B ＿＿＿＿＿は　金_{キム}さんの　くつです。
　　저것

7

会社は何時から何時までですか。

회사는 몇 시부터 몇 시까지예요?

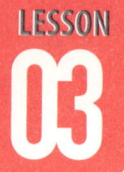

Step 1 필수 단어 익히기

何時 (なんじ)	몇 시	今 (いま)	지금
仕事 (しごと)	일, 업무	病院 (びょういん)	병원
飲み会 (のみかい)	술자리, 회식	授業 (じゅぎょう)	수업
普通 (ふつう)	보통	会議 (かいぎ)	회의
半 (はん)	반, 절반	美容院 (びよういん)	미용실
午前 (ごぜん)	오전	学校 (がっこう)	학교
午後 (ごご)	오후	銀行 (ぎんこう)	은행
朝 (あさ)	아침	デパート	백화점
昼 (ひる)	낮	レストラン	레스토랑
夜 (よる)	저녁	アルバイト	아르바이트

제시된 단어를 예와 같이 일본어로 써 보세요.

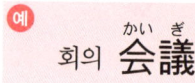

예
회의 **会議** (かいぎ)

1 일, 업무

2 오전

3 보통

4 아침

5 수업

6 은행

❶ 何時ですか 몇 시입니까?

いちじ 1時	にじ 2時	さんじ 3時	よじ 4時	ごじ 5時	ろくじ 6時
1시	2시	3시	4시	5시	6시
しちじ 7時	はちじ 8時	くじ 9時	じゅうじ 10時	じゅういちじ 11時	じゅうにじ 12時
7시	8시	9시	10시	11시	12시

❷ 〜から …まで 〜부터 …까지

❸ 〜が 〜만, 〜이/가

✎ 빈칸에 알맞은 말을 넣어 보세요.

1 今 _____ですか。
몇 시

2 病院は　何時_____ですか。
부터

3 アルバイトは　夜8時_____です。
까지

4 失礼です_____。
만

5 これ_____　私のです。
이

9

✏️ 빈칸에 알맞은 말을 넣어 보세요.

Ⅰ **1** A すみません、今 何時ですか。

B _____
4시 20분입니다.

2 A すみません、今 何時ですか。

B _____
7시 30분입니다.

3 A すみません、今 何時ですか。

B _____
9시 50분입니다.

4 A すみません、今 何時ですか。

B _____
10시 15분입니다.

5 A すみません、今 何時ですか。

B _____
12시 40분입니다.

Ⅱ **1** A 会社は 何時から 何時までですか。

B _____
회사는 오전 9시부터 오후 5시까지입니다.

2 A 銀行は 何時から 何時までですか。

B _____
은행은 오전 9시부터 오후 4시까지입니다.

3 A デパートは 何時から 何時までですか。

B _____
백화점은 오전 10시 30분부터 오후 8시까지입니다.

4 A 病院は 何時から 何時までですか。

B _____
병원은 오전 9시 30분부터 오후 6시까지입니다.

5 A レストランは 何時から 何時までですか。

B _____
레스토랑은 오전 11시부터 오후 10시까지입니다.

てんぷらうどん2つとおにぎり1つください。

튀김 우동 두 개와 주먹밥 한 개 주세요.

Step 1 필수 단어 익히기

店員（てんいん）	점원	デジタルカメラ	디지털카메라
お酒（さけ）	술	ワイシャツ	와이셔츠
人形（にんぎょう）	인형	ノートパソコン	노트북
円（えん）	엔	ラーメン	라면
くたさい	주세요	サンドイッチ	샌드위치
うどん	우동	トースト	토스트
いくら	얼마	ケーキ	케이크
コーヒー	커피	アイスクリーム	아이스크림
ウォン	원	いらっしゃいませ	어서 오세요
すみません	죄송합니다	ありがとうございます	감사합니다

제시된 단어를 예와 같이 일본어로 써 보세요.

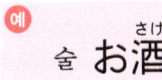

예 술 お酒（さけ）

1 점원   **2** 인형   **3** 커피

4 맥주   **5** 엔   **6** 와이셔츠

❶ いくらですか 얼마입니까?

❷ 〜(を)ください 〜(을/를) 주세요

❸ で 〜해서, 〜에(합계한 수량) / 〜이고(구분)

❹ 개수 세기

ひとつ	ふたつ	みっつ	よっつ	いつつ
한 개	두 개	세 개	네 개	다섯 개
むっつ	ななつ	やっつ	ここのつ	とお
여섯 개	일곱 개	여덟 개	아홉 개	열 개

✎ 빈칸에 알맞은 말을 넣어 보세요.

1 コーヒーは ＿＿＿＿＿ですか。
　　　　　　　　얼마

2 おにぎり ＿＿＿＿＿。
　　　　　　주세요

3 ビール ＿＿＿＿＿ お願いします。
　　　　　두 개

4 ＿＿＿＿＿ 10000ウォンです。
　　전부 해서

5 私は 韓国人＿＿＿＿＿、山田さんは日本人です。
　　　　　　　　　이고

✏️ 빈칸에 알맞은 말을 넣어 보세요.

Ⅰ
1 **A** ワイシャツは　いくらですか。

B ＿＿＿＿＿＿＿＿＿＿ウォンです。
<u>4만5천</u>

2 **A** かばんは　いくらですか。

B ＿＿＿＿＿＿＿＿＿＿ウォンです。
<u>27만</u>

3 **A** ノートパソコンは　いくらですか。

B ＿＿＿＿＿＿＿＿＿＿ウォンです。
<u>189만</u>

4 **A** りんごは　いくらですか。

B ＿＿＿＿＿＿＿＿＿＿＿＿ウォンです。
<u>사과는 두 개에 5천</u>

5 **A** ももは　いくらですか。

B ＿＿＿＿＿＿＿＿＿＿＿＿＿ウォンです。
<u>복숭아는 4개에 6천</u>

Ⅱ
1 **A** サンドイッチは　いくらですか。

B ＿＿＿＿＿＿＿＿＿＿＿＿＿＿
<u>햄 샌드위치는 440엔이고 에그 샌드위치는 510엔입니다.</u>

2 **A** コーヒーは　いくらですか。

B ＿＿＿＿＿＿＿＿＿＿＿＿＿＿
<u>아메리카노는 450엔이고 카페모카는 530엔입니다.</u>

3 **A** アイスクリームは　いくらですか。

B ＿＿＿＿＿＿＿＿＿＿＿＿＿＿
<u>말차 아이스크림은 590엔이고 망고 아이스크림은 620엔입니다.</u>

4 **A** ケーキは　いくらですか。

B ＿＿＿＿＿＿＿＿＿＿＿＿＿＿
<u>초콜릿 케이크는 520엔이고 치즈 케이크는 480엔입니다.</u>

5 **A** ぜんぶで　いくらですか。

B ＿＿＿＿＿＿＿＿＿＿＿＿＿＿
<u>전부해서 7만5천엔입니다.</u>

LESSON 05

お誕生日はいつですか。

생일은 언제예요?

🔍 **Step 1** ▷ 필수 단어 익히기

誕生日 (たんじょうび)	생일	何曜日 (なんようび)	무슨 요일
いつ	언제	月曜日 (げつようび)	월요일
生まれ (う)	생, 태생, 출생	火曜日 (かようび)	화요일
今日 (きょう)	오늘	水曜日 (すいようび)	수요일
明日 (あした)	내일	木曜日 (もくようび)	목요일
ぼく	나(남자 1인칭)	金曜日 (きんようび)	금요일
休み (やす)	휴일, 휴가, 방학	土曜日 (どようび)	토요일
春 (はる)	봄	日曜日 (にちようび)	일요일
年 (ねん)	년	ソウル	서울
来週 (らいしゅう)	다음 주	おめでとうございます	축하드립니다

✏️ 제시된 단어를 예와 같이 일본어로 써 보세요.

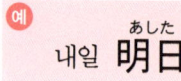 예
내일 **明日** (あした)

1 생일

2 오늘

3 휴일, 방학

4 다음 주

5 토요일

6 일요일

14

❶ **いつですか** 언제입니까?

❷ **～じゃありませんか** ～(이)지 않습니까?

❸ **～ですね** ～이군요, ～이네요

❹ **生^うまれ** ～생, 태생, 출생

いちがつ 1月 1월	にがつ 2月 2월	さんがつ 3月 3월	しがつ 4月 4월	ごがつ 5月 5월	ろくがつ 6月 6월
しちがつ 7月 7월	はちがつ 8月 8월	くがつ 9月 9월	じゅうがつ 10月 10월	じゅういちがつ 11月 11월	じゅうにがつ 12月 12월

✎ 빈칸에 알맞은 말을 넣어 보세요.

1 お誕生日^{たんじょうび}は ＿＿＿＿＿ですか。
　　　　　　　　　언제

2 日本語^{にほんご}の 先生^{せんせい}＿＿＿＿＿＿＿。
　　　　　　　　　　　이 아니에요?

3 もう 春^{はる}＿＿＿＿＿。
　　　　　　　이네요

4 彼女^{かのじょ}は ソウル＿＿＿＿＿です。
　　　　　　　　　　　출생

✏️ 빈칸에 알맞은 말을 넣어 보세요.

Ⅰ

1 A ついたち 1日は 何曜日^{なんようび}ですか。

B _____

목요일입니다.

2 A ここのか 9日は 何曜日^{なんようび}ですか。

B _____

금요일입니다.

3 A じゅうよっか 14日は 何曜日^{なんようび}ですか。

B _____

수요일입니다.

4 A じゅうくにち 19日は 何曜日^{なんようび}ですか。

B _____

월요일입니다.

5 A にじゅうよっか 24日は 何曜日^{なんようび}ですか。

B _____

토요일입니다.

Ⅱ

1 A 何月^{なんがつ} 何日^{なんにち}ですか。

B _____

1월 10일입니다.

2 A 何月^{なんがつ} 何日^{なんにち}ですか。

B _____

3월 3일입니다.

3 A 何月^{なんがつ} 何日^{なんにち}ですか。

B _____

5월 8일입니다.

4 A 何月^{なんがつ} 何日^{なんにち}ですか。

B _____

8월 15일입니다.

5 A 何月^{なんがつ} 何日^{なんにち}ですか。

B _____

12월 24일입니다.

日本語は易しくて面白いです。

일본어는 쉽고 재미있어요.

 Step 1   **필수 단어 익히기**

かんこくご **韓国語**	한국어	あつ **暑い**	덥다
はつおん **発音**	발음	さむ **寒い**	춥다
かんじ **漢字**	한자	あつ **熱い**	뜨겁다
べんきょう **勉強**	공부	つめ **冷たい**	차갑다
てんき **天気**	날씨	たか **高い**	비싸다. 높다
おもしろ **面白い**	재미있다	やす **安い**	싸다
むずか **難しい**	어렵다	ちか **近い**	가깝다
やさ **易しい**	쉽다	とお **遠い**	멀다
おお **大きい**	크다	あたら **新しい**	새롭다
ちい **小さい**	작다	ふる **古い**	오래되다, 낡다

 제시된 단어를 예와 같이 일본어로 써 보세요.

예
어렵다 むずか
難しい

1 한자

2 공부

3 덥다

4 가깝다

5 새롭다

6 날씨

① い형용사

기본형 + です	~(ㅂ)니다(정중형)	やさしいです　쉽습니다
어간 + くないです 　　くありません	~(하)지 않습니다 (정중한 부정형)	やさしくないです / やさしくありません　쉽지 않습니다
기본형 + 명사	~한(수식형)	やさしい日本語　쉬운 일본어
어간 + くて	~(하)고(나열) / ~이어서(이유 설명)	やさしくて　쉽고, 쉬워서

✎ 빈칸에 알맞은 말을 넣어 보세요.

1 日本語の　勉強は ＿＿＿＿＿＿＿＿＿＿＿。
　　　　　　　　　　재미있습니다

2 今日は ＿＿＿＿＿＿＿＿＿＿＿。
　　　　　덥지 않습니다

3 ＿＿＿＿＿＿　キムチ
　　　매운

4 ＿＿＿＿＿＿　高い　車
　　크고

5 漢字が　＿＿＿＿＿＿、大変です。
　　　　　어려워서

6 この　ケーキは　とても　おいしいです＿＿＿＿＿。
　　　　　　　　　　　　　　　　　　　요(강조)

✏️ 빈칸에 알맞은 말을 넣어 보세요.

Ⅰ **1** A この カメラは 大^{おお}きいですか。

B いいえ、＿＿＿＿＿＿＿＿＿＿＿＿＿＿＿＿＿

크지 않습니다. 작습니다.

2 A 部屋^{へや}は 広^{ひろ}いですか。

B いいえ、＿＿＿＿＿＿＿＿＿＿＿＿＿＿＿＿＿

넓지 않습니다. 좁습니다.

3 A 夏^{なつ}は 寒^{さむ}いですか。

B いいえ、＿＿＿＿＿＿＿＿＿＿＿＿＿＿＿＿＿

춥지 않습니다. 덥습니다.

4 A キムチは 甘^{あま}いですか。

B いいえ、＿＿＿＿＿＿＿＿＿＿＿＿＿＿＿＿＿

달지 않습니다. 맵습니다.

5 A この 車^{くるま}は 新^{あたら}しいですか。

B いいえ、＿＿＿＿＿＿＿＿＿＿＿＿＿＿＿＿＿

새롭지 않습니다. 오래되었습니다.

Ⅱ **1** A どんな 先生^{せんせい}ですか。

B ＿＿＿＿＿＿＿＿＿＿＿＿ 先生^{せんせい}です。

상냥하고 재미있는

2 A どんな かばんですか。

B ＿＿＿＿＿＿＿＿＿＿＿＿ かばんです。

작고 귀여운

3 A どんな コーヒーですか。

B ＿＿＿＿＿＿＿＿＿＿＿＿ コーヒーです。

뜨겁고 맛있는

4 A どんな 店^{みせ}ですか。

B ＿＿＿＿＿＿＿＿＿＿＿＿ 店^{みせ}です。

새롭고 넓은

5 A どんな 天気^{てんき}ですか。

B ＿＿＿＿＿＿＿＿＿＿＿＿ 天気^{てんき}です。

따뜻하고 좋은

すてきな都市です。

멋진 도시입니다.

 **Step 1** 필수 단어 익히기

どんな	어떤	親切だ	친절하다
都市	도시	静かだ	조용하다
港町	항구 도시	元気だ	건강하다
きれいだ	예쁘다, 깨끗하다	真面目だ	성실하다
海	바다	便利だ	편리하다
すてきだ	멋지다, 훌륭하다	不便だ	불편하다
いっぱい	가득	簡単だ	간단하다
代表的だ	대표적이다	楽だ	편하다
賑やかだ	번화하다, 번잡하다	丈夫だ	튼튼하다
有名だ	유명하다	ハンサムだ	핸섬하다

 제시된 단어를 예와 같이 일본어로 써 보세요.

 항구 도시 **港町**

1 도시   **2** 예쁘다   **3** 유명하다

4 친절하다   **5** 편리하다   **6** 멋지다

① な형용사(형용동사)

어간 + です	~(ㅂ)니다(정중형)	有名です 유명합니다
+では[じゃ]ありません では[じゃ]ないです	~(하)지 않습니다 (정중한 부정형)	有名では[じゃ]ありません 有名では[じゃ]ありません 유명하지 않습니다
+な+名詞	~한(수식형)	有名な人 유명한 사람
+で	~(하)고(나열) / ~이어서(이유 설명)	有名で 유명하고, 유명해서

② ~から ~때문에, ~이니까(이유 설명)

✎ 빈칸에 알맞은 말을 넣어 보세요.

1 この 町は ＿＿＿＿＿＿＿＿。
　　　　　　　번화합니다

2 彼女は ＿＿＿＿＿＿＿＿。
　　　　　　친절하지 않습니다

3 ＿＿＿＿＿ 会社
　유명한

4 ＿＿＿＿＿ ハンサムな 人
　성실하고

5 ここは ＿＿＿＿＿、いいです。
　　　　　조용해서

6 料理が ＿＿＿＿＿＿＿＿。
　　　　맛있기 때문에(맛있으니까)

✏️ 빈칸에 알맞은 말을 넣어 보세요.

Ⅰ

1 **A** 中村さんは　ハンサムですか。

   B はい、＿＿＿＿＿＿＿＿＿＿＿。
   　　　　　핸섬합니다

2 **A** 金さんは　親切ですか。

   B はい、＿＿＿＿＿＿＿＿＿＿＿。
   　　　　　친절합니다

3 **A** ダンスは　上手ですか。

   B はい、＿＿＿＿＿＿＿＿＿＿＿。
   　　　　　잘합니다

4 **A** この　車は　きれいですか。

   B いいえ、＿＿＿＿＿＿＿＿＿＿＿＿。
   　　　　　　깨끗하지 않습니다

5 **A** 町は　静かですか。

   B いいえ、＿＿＿＿＿＿＿＿＿＿＿＿。
   　　　　　　조용하지 않습니다

Ⅱ

1 **A** どんな　人ですか。

   B ＿＿＿＿＿＿＿＿＿＿＿＿＿＿＿＿
   　　핸섬하고 부유한 사람입니다.

2 **A** どんな　学生ですか。

   B ＿＿＿＿＿＿＿＿＿＿＿＿＿＿＿＿
   　　건강하고 성실한 학생입니다.

3 **A** どんな　車ですか。

   B ＿＿＿＿＿＿＿＿＿＿＿＿＿＿＿＿
   　　튼튼하고 편리한 차입니다.

4 **A** どんな　仕事ですか。

   B ＿＿＿＿＿＿＿＿＿＿＿＿＿＿＿＿
   　　간단하고 편한 일입니다.

5 **A** どんな　先生ですか。

   B ＿＿＿＿＿＿＿＿＿＿＿＿＿＿＿＿
   　　친절하고 멋진 선생님입니다.

どんな音楽が好きですか。

어떤 음악을 좋아하세요?

Step 1 **필수 단어 익히기**

春 (はる)	봄	家族 (かぞく)	가족
夏 (なつ)	여름	お金 (かね)	돈
秋 (あき)	가을	健康 (けんこう)	건강
冬 (ふゆ)	겨울	一番 (いちばん)	가장, 제일
犬 (いぬ)	개	好きだ (す)	좋아하다
猫 (ねこ)	고양이	嫌いだ (きら)	싫어하다
音楽 (おんがく)	음악	上手だ (じょうず)	잘하다, 능숙하다
海 (うみ)	바다	下手だ (へた)	못하다, 서투르다
山 (やま)	산	大切だ (たいせつ)	소중하다
季節 (きせつ)	계절	重要だ (じゅうよう)	중요하다

 제시된 단어를 예와 같이 일본어로 써 보세요.

예

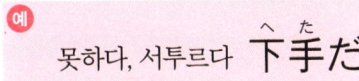
못하다, 서투르다　下手だ (へた)

1 계절

2 고양이

3 가족

4 능숙하다

5 좋아하다

6 건강

① **〜을 좋아하다**

〜が 好きです 　〜을/를 좋아합니다.

どんな 〜が 好きですか 　어떤 〜을/를 좋아하세요?

② **비교 구문**

Aと Bと どちらが 〜ですか 　A와 B (둘 중에서) 어느 쪽을 (더) 〜하세요?

Aより Bのほうが 〜です 　A보다 B 쪽을 (더) 〜해요

③ **최상급 구문**

一番 (いちばん) 　가장, 제일

〜の中で (なか) 　〜(의) 중에서

何 (なに) 무엇 / いつ 언제 / だれ 누구 / どこ 어디 / どれ 어느 것

✎ **빈칸에 알맞은 말을 넣어 보세요.**

1 音楽 (おんがく)_____。
　<u>을 좋아합니다</u>

2 _____ スポーツが 好 (す) きですか。
　<u>어떤</u>

3 海 (うみ)_____ 山 (やま)_____ _____が 好 (す) きですか。
　　　하고　　　　하고　　　어느 쪽

4 東京 (とうきょう)_____ ソウルの_____が 寒 (さむ) いです。
　　　　보다　　　　　　　　쪽

5 _____ 有名 (ゆうめい) です。
　<u>가장</u>

6 季節 (き せつ) の _____ 秋 (あき) が 一番 (いちばん) 好 (す) きです。
　　　　　　　　중에서

24

✏️ 빈칸에 알맞은 말을 넣어 보세요.

Ⅰ

1 A 日本語と 英語と どちらが 上手ですか。

B _____
일본어(쪽)을 (더) 잘합니다.

2 A バスと 地下鉄と どちらが 便利ですか。

B _____
지하철 쪽이 (더) 편리합니다.

3 A お金と 健康と どちらが 大切ですか。

B _____
건강 쪽이 (더) 중요합니다.

4 A 恋人と 友達と どちらが いいですか。

B _____
애인 쪽이 (더) 좋습니다.

5 A 家族と 仕事と どちらが 重要ですか。

B _____
가족 쪽이 (더) 중요합니다.

Ⅱ

1 A 果物の中で 何が 一番 好きですか。

B _____
사과를 가장 좋아합니다.

2 A 歌手の中で だれが 一番 好きですか。

B _____
아이유를 가장 좋아합니다.

3 A 季節の中で いつが 一番 好きですか。

B _____
가을을 가장 좋아합니다.

4 A 韓国の 山の中で どこが 一番 好きですか。

B _____
지리산을 가장 좋아합니다.

5 A コーヒーと 紅茶と コーラの中で どれが 一番 好きですか。

B _____
커피를 가장 좋아합니다.

クラスに学生は何人いますか。

반에 학생은 몇 명 있어요?

Step 1 ▶ 필수 단어 익히기

花 (はな)	꽃	上 (うえ)	위
木 (き)	나무	下 (した)	아래
現金 (げんきん)	현금	中 (なか)	안
銀行 (ぎんこう)	은행	外 (そと)	밖
本屋 (ほんや)	서점, 책방	前 (まえ)	앞
郵便局 (ゆうびんきょく)	우체국	後ろ (うしろ)	뒤
女の子 (おんなのこ)	여자아이	隣 (となり)	이웃, 옆
男の子 (おとこのこ)	남자아이	向かい (むかい)	맞은 편
楽しい (たのしい)	즐겁다	回り (まわり)	주위
目的 (もくてき)	목적	横 (よこ)	옆

✎ 제시된 단어를 예와 같이 일본어로 써 보세요.

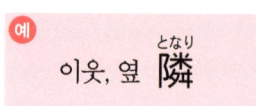
예
이웃, 옆 隣 (となり)

1 현금

2 은행

3 앞

4 뒤

5 옆

6 서점

(무생물, 식물)	(생물: 사람, 동물)
あります 있습니다	**います** 있습니다
ありません 없습니다	**いません** 없습니다
〜に あります 〜에 있습니다	**〜に います** 〜에 있습니다
どこに ありますか 어디에 있습니까?	**どこに いますか** 어디에 있습니까?

✎ 빈칸에 알맞은 말을 넣어 보세요.

1 つくえと　いすが ＿＿＿＿＿＿＿。
　　　　　　　　　　　있습니다

2 現金は ＿＿＿＿＿＿＿。
げんきん　　　　없습니다

3 犬が ＿＿＿＿＿＿＿。
いぬ　　　있습니다

4 恋人は ＿＿＿＿＿＿＿。
こいびと　　　없습니다

5 会社は　駅の　そば＿＿＿＿＿＿＿。
かいしゃ　　えき　　　　　에 있습니다

6 本は ＿＿＿＿＿＿ ありますか。
ほん　　어디에

✏️ 빈칸에 알맞은 말을 넣어 보세요.

Ⅰ **1** **A** 本は　どこに　ありますか。
　　ほん

　　B _____
　　책상 위에 있습니다.

2 **A** 財布は　どこに　ありますか。
　　さい ふ

　　B _____
　　가방 안에 있습니다.

3 **A** 雑誌は　どこに　ありますか。
　　ざっ し

　　B _____
　　소파 밑에 있습니다.

4 **A** 山田さんは　どこに　いますか。
　　やま だ

　　B _____
　　다나카 씨 옆에 있습니다.

5 **A** 猫は　どこに　いますか。
　　ねこ

　　B _____
　　강 씨 앞에 있습니다.

Ⅱ **1** **A** 銀行は　どこに　ありますか。
　　ぎんこう

　　B _____
　　은행은 회사 옆에 있습니다.

2 **A** デパートは　どこに　ありますか。

　　B _____
　　백화점은 우체국 앞에 있습니다.

3 **A** コンビニは　どこに　ありますか。

　　B _____
　　편의점은 우체국 근처에 있습니다.

4 **A** 郵便局は　どこに　ありますか。
　　ゆうびんきょく

　　B _____
　　우체국은 백화점 뒤에 있습니다.

5 **A** 本屋は　どこに　ありますか。
　　ほん や

　　B _____
　　서점은 은행의 맞은편에 있습니다.

정답

Lesson 01

step 1

1 学生
2 先生
3 韓国人
4 日本人
5 歌手
6 彼女

step 2

1 は
2 です
3 ではありません
4 ですか
5 はい
6 いいえ

step 3

Ⅰ
1 私は
2 歌手です
3 日本人です
4 中国人です
5 アメリカ人です

Ⅱ
1 学生ですか / 学生です
2 ピアニストですか /
　ピアニストではありません
3 彼は 歌手ですか。/ はい、歌手です。
4 彼女は 先生ですか。/
　いいえ、先生ではありません。
5 彼女は 日本人ですか。/
　はい、日本人です。

Lesson 02

step 1

1 本
2 車
3 日本語
4 時計
5 写真
6 友達

step 2

1 これ
2 あの
3 の
4 と
5 も

step 3

Ⅰ
1 金さんのです
2 私のではありません
3 田中さんのではありません
4 山田さんのです
5 先生のではありません

Ⅱ
1 それ / 私の
2 それ / 友達の
3 これ / 先生の
4 これ
5 だれの くつですか / あれ

Lesson 03

step 1

1 仕事
2 午前
3 普通
4 朝
5 授業
6 銀行

step 2

1 何時
2 から
3 まで
4 が
5 が

step 3

Ⅰ
1 4時20分です。
2 7時30分です。
3 9時50分です。
4 10時15分です。
5 12時40分です。

Ⅱ 1 会社は午前9時から午後5時までです。
2 銀行は午前9時から午後4時までです。
3 デパートは午前10時30分から午後8時までです。
4 病院は午前9時30分から午後6時までです。
5 レストランは午前11時から午後10時までです。

Lesson 04

🔍 **step 1**

1 店員　　2 人形　　3 コーヒー
4 ビール　5 円　　　6 ワイシャツ

📝 **step 2**

1 いくら　　　　2 ください
3 ふたつ　　　　4 全部で
5 で

💬 **step 3**

Ⅰ 1 4万5千
2 27万
3 189万
4 りんごは2つで5千
5 ももは4つで6千

Ⅱ 1 ハムサンドイッチは440円で、エッグサンドイッチは510円です。
2 アメリカーノは450円で、カフェモカは530円です。
3 抹茶アイスクリームは590円で、マンゴーアイスクリームは620円です。
4 チョコレートケーキは520円で、チーズケーキは480円です。

5 全部で7万5千円です。

Lesson 05

🔍 **step 1**

1 誕生日　　2 今日　　3 休み
4 来週　　　5 土曜日　6 日曜日

📝 **step 2**

1 いつ　　　　　　2 じゃありませんか
3 ですね　　　　　4 生まれ

💬 **step 3**

Ⅰ 1 木曜日です。
2 金曜日です。
3 水曜日です。
4 月曜日です。
5 土曜日です。

Ⅱ 1 いちがつ とおかです。
2 さんがつ みっかです。
3 ごがつ ようかです。
4 はちがつ じゅうごにちです。
5 じゅうにがつ にじゅうよっかです。

Lesson 06

🔍 **step 1**

1 漢字　　2 勉強　　3 暑い
4 近い　　5 新しい　6 天気

📝 **step 2**

1 面白いです　　2 暑くありません
3 辛い　　　　　4 大きくて
5 難しくて　　　6 よ

💬 step 3

Ⅰ 1 大きくありません。小さいです。

2 広くありません。狭いです。

3 寒くありません。暑いです。

4 甘くありません。辛いです。

5 新しくありません。古いです。

Ⅱ 1 優しくて面白い

2 小さくてかわいい

3 熱くておいしい

4 新しくて広い

5 暖かくていい

Lesson 07

🔍 step 1

1 都市　　2 きれいだ　　3 有名だ

4 親切だ　　5 便利だ　　6 すてきだ

📝 step 2

1 賑やかです

2 親切ではありません

3 有名な　　　　4 真面目で

5 静かで　　　　6 おいしいから

💬 step 3

Ⅰ 1 ハンサムです

2 親切です

3 上手です

4 きれいではありません

5 静かではありません

Ⅱ 1 ハンサムでリッチな人です。

2 元気で真面目な学生です。

3 丈夫で便利な車です。

4 簡単で楽な仕事です。

5 親切ですてきな先生です。

Lesson 08

🔍 step 1

1 季節　　2 猫　　3 家族

4 上手だ　　5 好きだ　　6 健康

📝 step 2

1 が好きです　　　　2 どんな

3 と / と / どちら　　4 より / ほう

5 一番　　　　　　　6 中で

💬 step 3

Ⅰ 1 日本語のほうが上手です。

2 地下鉄のほうが便利です。

3 健康のほうが大切です。

4 恋人のほうがいいです。

5 家族のほうが重要です。

Ⅱ 1 りんごが一番好きです。

2 アイユが一番好きです。

3 秋が一番好きです。

4 智異山が一番好きです。

5 コーヒーが一番好きです。

Lesson 09

🔍 step 1

1 現金　　2 銀行　　3 前

4 後ろ　　5 隣　　6 本屋

📝 step 2

1 あります　　　　2 ありません

3 います　　　　　4 いません

5 に あります   **6** どこに

💬 step 3

Ⅰ **1** 机の 上に あります。

   2 かばんの 中に あります。

   3 ソファーの 下に あります。

   4 田中さんの 隣に います。

   5 カンさんの 前に います。

Ⅱ **1** 銀行は 会社の 隣に あります。

   2 デパートは 郵便局の 前に あります。

   3 コンビニは 郵便局の 近くに あります。

   4 郵便局は デパートの 後ろに あります。

   5 本屋は 銀行の 向かいに あります。